기도하는 엄마들
Praying for Children & Schools
Booklet

펀 니콜스 저 최복순 편역

자녀들과 학교를 위해 모여서
기도하는 엄마들을 위한 기도 지침서

프리셉트

The Moms in Prayer Booklet

by Fern Nichols

Founder
Moms In Prayer International

Copyright © 1987 Fern Nichols. All rights reserved.
First to sixteenth printings, 1987-2009.
Seventeenth printing, September 2012 revised from
Moms In Touch International to Moms in Prayer International.
Twenty-First printing, August 2020.
Printed in the United States of America.
ISBN 978-1-929477-52-4

Moms in Prayer International
P.O. Box 1120, Poway, California 92074-1120, USA

Phone: 858.486.2528
Email: info@MomsInPrayer.org
MomsInPrayer.org

판권소유 ⓒ 도서출판 프리셉트, 1998, 2010, 2016
본서의 전부 혹은 일부를 서면 허가 없이는
복사(프린트, 제록스, 마스터, 사진 및 기타)할 수 없습니다.
precept.or.kr

차 례

머리말 4
편(Fern)의 간증 6
사명 선언문, 비전 선언문 8
목적 8
기도하는 엄마들이란? 9
  기도그룹에 합류할 때 / 기도그룹을 시작할 때 9
  기도 모임에 도움이 되는 제안 10
  합심 기도 12
  기도 시간/양식: 기도의 4단계 13
    · 찬 양 13
    · 고 백 17
    · 감 사 18
    · 중 보 19
  기도일지 22
  자녀들을 위한 기도 제안 24
  교사와 직원들을 위한 기도 제안 32
  학교를 위한 기도 제안 35
  기도하는 엄마들 모임을 위한 기도 제안 36
  불신자를 위한 기도 38
  주장할 약속의 말씀들 41
  말과 행동 44
  신앙 고백 45
  정책 56
  핵심가치와 지도원리 58
  자주 하는 질문들 60
  등록신청서 63

머리말

저의 네 아이들 중 큰 아이 둘을 공립중학교에 보내던 첫날 제 심령은 몹시 무거웠습니다. 1984년 그 가을날에, 그들이 입문하는 새로운 세상에 대한 염려로 제 마음에 부담이 컸습니다. 그들은 부도덕한 가치 체계와 비속한 언어 그리고 또래 집단의 압력에 저항해야만 하는 등 그들 생애 가운데 가장 큰 시험에 직면하게 될 것을 저는 알았습니다. 제 심령은 주님께 저희 아이들을 보호해 달라고, 그들이 옳은 것과 그른 것의 차이를 분명히 구분할 수 있게 해 달라고, 바른 결정을 내릴 수 있게 인도해 달라고 간구했습니다.

제 아들들을 위해 중보기도를 해야 한다는 부담감이 너무나 압도적이어서 혼자서는 도저히 감당할 수 없다는 것을 알았습니다. 그래서 저는 저와 똑같은 부담을 느끼고 우리의 자녀들과 학교를 위하여 기꺼이 저와 함께 기도할 다른 엄마를 보내 달라고 기도했습니다. 하나님께서는 제 심령의 기도를 들으시고 어떤 엄마와 전화할 수 있도록 인도해 주셨고 그 엄마는 제가 느낀 부담감을 나누었을 때 동의한다고 말해 주었습니다. 우리는 또한 우리와 함께 기도하기 원할만한 몇몇 다른 엄마들을 생각해 냈고 그들에게 전화를 해서 그다음 주부터 기도하기 위한 모임을 시작하게 되었습니다.

이것이 초교파적인 그리스도인 기도 운동인 기도하는 엄마들(Moms in Prayer International, 전 Moms In Touch)의 시작이었습니다. 엄마들의 기도 덕에 그들의 삶과 자녀들의 삶에서 하나님께서 하시는 일들을 나누기 시작했고, 당시 우리가 살고 있었던 캐나다의 브리티쉬 컬럼비아 전역에 다른 그룹들이 만들어지기 시작했습니다. 초등학교에서부터 고등학교 레벨에 이르는 그룹들이 형성되었습니다. 이 소책자의 기본 골자는 그해에 구성되었습니다. 하나님의 계획이 눈앞에 펼쳐지는 광경을 확인한다는 것이 얼마나 놀라운 일인지요!

1985년 여름, 저희 가족은 캐나다 브리티쉬 컬럼비아 애봇스포드에서 미국 캘리포니아 포웨이로 이사하게 되었습니다. 저는 하나님께서 캐나다에서 시작하신 이 일을 수행할 더 큰 기회들을 저에게 주신다는 것을 곧 발견했습니다. 저는 하나님께 자녀들을 위해 기꺼이 중보하기 원하는 엄마들을 일으켜 달라고 간구했습니다.

하나님께서는 기도하려는 엄마들을 신실하게 보내 주셨습니다. 기도하는 엄마들은 미국의 모든 주에서와 140개 이상의 나라들에서 모여 기도하고 있습니다. 엄마들이 기도하는 방법과 기도하는 엄마들 모임을 시작하는 방법에 대한 지침을 요청했기 때문에 이 소책자를 만들게 되었습니다.

이 책자를 만드는데 도움을 준 산드라 볼(Sandra Ball)에게 감사를 드립니다. 그녀의 격려, 제안, 시간, 우정 그리고 사랑 어린 지원은 제 기도에 대한 구체적인 응답이었습니다.

저는 우리나라와 온 세계 모든 학교를 위해 중보하는 엄마들을 하나님께서 세워 주시기를 기도합니다. 두 명 혹은 그 이상의 엄마들이 매주 함께 모여 자녀들과 그들의 학교를 위해 기도한다는 것이 얼마나 흥분되는 생각입니까!

저는 여러분이 기도를 통해 자녀들의 삶에 관여할 것을 도전합니다. 여러분이 정기적으로 최소 한 명의 다른 엄마와 신실하게 기도할 때, 하나님께서 여러분의 자녀들과 학교를 위해 어떠한 일들을 하실 수 있는지 주의 깊게 지켜보시기 바랍니다.

기도를 통한 하나님의 능력을 믿으며,

펀 니콜스

> 초저녁에 일어나 부르짖을지어다
> 네 마음을 주의 얼굴 앞에 물 쏟듯 할지어다
> 각 길 어귀에서 주려 기진한
> 네 어린 자녀들의 생명을 위하여
> 주를 향하여 손을 들지어다
>
> 예레미야애가 2:19

펀(Fern)의 간증

먼저 여러분에게 제 개인적인 삶에서 기도와 관련하여 하나님께서 어떻게 역사하셨는지를 말씀드리고자 합니다. 수년 전 저는 한 기도 수양회에서 강연을 해 달라는 요청을 받았고, 그 일로 인해 저는 제 기도 생활에 대해 진지한 평가를 하게 되었습니다. 기도에 관한 론 던의 강의 테이프는 제게 큰 도움이 되었습니다. 기도에 관한 훌륭한 책들도 읽었습니다. 그러나 기도에 관하여 논한 강의를 듣고, 기도에 관해 이야기도 하고, 기도에 관한 양서를 읽었지만 그런 것들이 제가 실제로 기도하지 못한 부분을 채워 주지는 못한다는 사실을 저는 마음 깊이 알았습니다.

저는 항상 "분주히 뛰어다니며" 기도를 하는 것 같았습니다. 그래서 제 기도 시간은 닥치는 대로였습니다. 하나님께서는 은혜 가운데 저의 우선순위가 잘못되었음을 깨우쳐 주셨습니다. 저는 많은 훌륭한 일들을 해 내느라 바빴습니다만, 최선의 일 — 하늘 아버지와 함께하는 지속적인 기도 시간을 가지는 것은 하지 않고 있었던 것입니다.

저는 사탄이 우리로 하여금 영적이 된다는 것은 곧 생산적인 것이라고 여기게 만든다고 생각합니다. 사탄은 우리가 보이지 않는 경계선을 넘어 강력한 중보기도 차원으로 도약하기를 원치 않습니다. 만일 사탄이 우리로 하여금 생산적인 것이란 곧 하나님을 위해 위대한 일들을 하는 것이다라고 믿게 할 수만 있다면, 우리는 우리 가족과 학교, 지역사회 그리고 국가를 위해 축복을 보장할 수 없게 될 것입니다. 그러나 우리가 이 경계선을 인식하고, 이를 넘어 중보기도자가 된다면, 하나님께서는 하늘과 땅을 흔드시사 우리 기도에 응답하실 것이며, 우리는 큰 승리를 보기 시작하게 되고, 사탄은 패배할 것입니다. 사탄은 아무리 연약한 성도라도 그가 무릎 꿇는 모습을 볼 때 두려움에 떱니다. 하나님의 뜻대로 한 우리의 기도에 대항할 아무런 힘이 없기 때문입니다.

여기 제가 하나님께 이 기도에 관하여 제 삶 속에 이루어 주시기를 간구했던 기도 제목의 목록이 있습니다.

- 제가 '기도의 여인'이 되게 하옵소서!
- 제가 기도를 통한 하나님의 능력에 대한 비전을 가질 수 있게 하옵소서!
- 제가 '중보기도자'가 되게 하옵소서!
- 제가 적극적인 기도를 하되, 삶의 한 방식으로 솔선수범하여 주도권을 가지고 다른 사람과 함께 기도하게 하옵소서!
- 제가 말씀으로 기도하는 법을 배우게 하옵소서!
- 제가 쉬지 말고 기도할 수 있게 하옵소서!
- 제가 하나님께서 기도 중에 제게 가르쳐 주신 진리를 다른 사람들에게 전해 줄 수 있게 하옵소서!

여러분이 이 목록을 읽는 동안 성령님께서 여러분의 심중에 말씀해 주시는 것이 있다면, 여기서 멈추시고, 성령님의 목소리에 귀를 기울이고 기도하십시오.

기도 사역은 그리스도인이 가질 수 있는 가장 높은 소명이라고 믿습니다. 지금도 예수님께서는 하나님의 보좌 우편에 앉아 여러분을 위해 중보하고 계십니다(로마서 8:34).

> 기도 사역은 그리스도인이 소유할 수 있는
> 가장 높은 소명이라고 믿습니다.
> ― 펀 니콜스

사명 선언문

기도하는 엄마들은 엄마들이 모여 기도함으로 그리스도를 위하여 온 세계 자녀들과 학교에 영향을 끼친다.

비전 선언문

우리의 비전은 세상 모든 학교를 위하여 기도하는 것이다.

목 적

- 기도로 우리 자녀들을 몸소 지켜준다.
- 우리 자녀들이 예수님을 주와 구주로 영접하고, 믿음 안에 담대히 서도록 기도한다.
- 교사들과 직원을 위해 기도한다.
- 교사와 행정직원들과 학생들이 예수 그리스도를 믿는 믿음에 이르도록 기도한다.
- 학교가 성경적인 가치와 높은 도덕적 기준에 의해 운영되기를 위하여 기도한다.
- 학교를 격려하고 긍정적 지원을 한다.
- 자녀들 때문에 무거운 짐을 지고 있는 엄마들에게 필요한 소망과 힘을 제공한다.

기도하는 엄마들이란?

정기적으로(매주 한 시간씩 기도하는 것이 최상임) 모여 자녀들과 학교를 위해 중보하는 여성들입니다.

어떤 특정 아이나 학교를 위하여 기꺼이 기도하기 원하는 크리스천 엄마들과 할머니들 혹은 여성들입니다.

하나님께서 기도에 응답하신다고 믿는 여성들입니다!

기도그룹에 합류할 때 / 기도그룹을 시작할 때

우리는 모든 여성을 위한 기도그룹을 보유하고 있습니다. 당신이 기도하는 엄마들 그룹에 참여하고자 한다면 도와드릴 수 있습니다. 어떻게 그룹에 참여할 수 있는 지, 또는 어떻게 그룹을 시작할 수 있는 지에 대해 정보를 원하신다면 www.mip.or.kr로 연락 주시기 바랍니다. 그리고 다음의 안내를 따라주시기 바랍니다.

- 하나님께 매주 기꺼이 여러분과 만나 기도하기 원하는 다른 엄마를 보내 달라고 기도하십시오.
- **기도하는 엄마들**의 신앙 고백을 읽고 동의하십시오(본 소책자 45쪽 참조).
- **기도하는 엄마들**의 4단계 기도 양식을 사용하십시오.
- 사역의 **정책**과 핵심가치를 준수하십시오(본 소책자 56쪽 이하 참조).
- 여러분의 아이가 다니는 학교 엄마 중 참가할 가능성이 있는 엄마들의 목록을 만들고 그들에게 여러분의 기도 모임 시간에 동참할 것을 권면하십시오.
- **www.mip.or.kr**에 그룹을 등록하십시오. 소식 및 기도를 하는 데 필요한 기도 달력 등의 자료를 얻을 수 있습니다.
- **하나님께서 기도에 응답하심**을 믿으십시오. 하나님께 초점을 맞추고 크고 위대한 일들이 일어날 것을 기대하십시오.

기도 모임에 도움이 되는 제안

시작할 때는:

- 있는 모습 그대로 나오십시오.
- 정기적으로 한 주에 한 시간씩 충실히 모이십시오. 기도 모임에 충실히 헌신하는 것에 중요성을 두십시오. 정기적으로 모여 기도하면 지속적인 기도 제목을 위해 기도할 수 있고, 신뢰를 쌓으며, 연합을 도모하고 기도 모임을 강화시킵니다.
- 정시에 시작하고 정시에 끝마치십시오.
- 본 기도하는 엄마들 소책자를 가끔 읽으십시오.
- 간식은 산만하게 만들므로 제공하지 마십시오.
- 문에 "방해하지 마세요."라는 문구를 붙여 두고 모든 전화 소리를 꺼 두십시오.

각 엄마에게 필요한 것은:

- 성경
- 자기 소유의 **기도하는 엄마들** 소책자
- 이 기도 시간 동안 취학 전 어린 자녀들을 돌보아 줄 사람

기도할 때에는:

- 기도의 4단계 양식을 사용하여 합심하여 대화식으로 기도하십시오.
- 여러분의 기도 제목에 대하여 얘기하느라 곁길로 빠지지 않도록 하십시오: 기도 제목을 놓고 실제로 기도하십시오. 감사 제목과 기도 제목을 기도하기 전에 먼저 이야기하기보다는 기도하는 중에 감사 제목과 기도 제목을 나누십시오.

❧ **기도하는 엄마들 모임에서 말하고 기도한 모든 내용은 비밀보장이 되어야 합니다.** 기도 모임 밖의 그 누구에게도 기도 제목이 누설되어서는 안 됩니다. 비밀보장은 아무리 강조해도 지나치지 않습니다.

합심 기도

기도하는 방법

합심하여 대화식으로 하는 기도는 **기도하는 엄마들** 모임에서 사용하는 기도 방법입니다. 합심 기도란 성령님께서 인도하시고 생기를 불어넣어 주시는 대로 서로 동의하는 것입니다. 대화식으로 자발적이고 자연스럽게 이루어지는 기도입니다. 모임에서 합심하여 기도할 때, **한 번에 한 주제에** 집중합니다. 엄마들이 각 기도 제목에 대해서 남김없이 다 기도할 때까지 기도할 수 있습니다.

침묵에 대해서 염려하지 마십시오; 하나님께서는 이 시간에도 말씀하십니다. 기도를 **짧고 간단하게** 하려고 노력하십시오. 이렇게 하면 모든 사람이 기도에 동참할 용기를 얻게 됩니다.

에벌린 크리스텐슨(Evelyn Christenson)은 그녀의 책 『What Happens when Women Pray』(여성들이 기도할 때 무슨 일이 벌어지는가?)에서 다음과 같이 말했습니다. "사람들이 마음을 합하여 함께, 하늘에 계신 우리 아버지께, 예수님의 이름으로 기도하기 시작하면 변화가 일어나기 시작한다. 우리 삶이 변화되고, 우리 가족이 변화되고 우리 학교, 교회, 지역 사회가 변화한다. 변화는 우리가 기도에 관해 연구할 때 일어나는 것이 아니다. 우리가 기도에 대하여 이야기할 때, 심지어는 기도에 관한 아름다운 성경 구절을 암기할 때 일어나는 것도 아니다. 이 일이 벌어지기 시작하는 것은 우리가 실제로 기도할 때이다."

만약 여러분이 이런 대화식의 기도를 해 본 적이 없다면, 소리 내서 기도해야 한다는 부담감을 가지지 마십시오. 마음속으로 조용히 기도해도 됩니다. 다른 엄마들의 대화식 기도를 더 지켜보면, 동참하기가 더 쉬워질 것입니다.

합심 기도를 함으로써, 우리는 다른 사람들의 중심에서 나오는 생각을 듣게 되고, 이러한 말들은 또한 우리 마음속에도 메아리치게 됩니다. 이것은 우리를 우리 자신이 아닌 전능하신 하나님께 집중하도록 해 줍니다. 그분이 여러분에게 할 말을 주실 것입니다. 여러분이 기도를 얼마나 유창하게 하는가는 중요하지 않습니다. **여러분의 마음의 신실함을 하나님께서 들으십니다.**

여자들과 예수의 어머니 마리아와 예수의 아우들과 더불어
마음을 같이하여 오로지 기도에 힘쓰더라

사도행전 1:14

기도 시간

양식: 기도의 4단계

기도하는 엄마들 기도회는 4단계 기도로 나누어집니다:
찬양, 고백, 감사, 중보

여러분의 자녀와 학교와 직원을 위하여 충분히 기도할 시간을 확보하기 위하여, 찬양, 고백과 감사를 하는데 약 25분 정도, 중보하는데 약 35분 정도를 할애합니다.

찬양 – 모든 기도 시간은 하나님의 말씀을 사용하여 하나님의 성품에 대하여 하나님을 찬양함으로 시작합니다. 우리의 믿음은 하나님께서 당신 자신에 관하여 하신 말씀을 하나님께 기도로 바꾸어 드릴 때 강해집니다. 하나님께서 하신 일이 아니라 하나님이 어떤 분이신지를 찬양하는 것입니다— 이 시간에는 기도에 대한 응답이나 기도제목을 나누는 시간이 아닙니다. 이 시간은 하나님의 시간입니다.

합심하여 하나님을 찬양하는 방법에 대해 다음의 예를 들어보겠습니다. 인도자가 하나님의 속성(혹은 성품) 중 하나를 선택합니다. 예를 들면, 목자. 시편 23:1과 이사야 40:11과 같이 그 속성을 반영해 주는 성구를 골라서 그것을 소리 내서 읽어 줍니다. 시편 23:1, "여호와는 나의 목자시니 내게 부족함이 없으리로다." 그다음 이사야 40:11을 읽습니다. "그는 목자 같이 양 떼를 먹이시며 어린 양을 그 팔로 모아 품에 안으시며 젖먹이는 암컷들을 온순히 인도하시리로다."

해당 구절들을 읽은 후 모임의 인도자가 기도를 시작합니다. "아버지, 마치 목자가 자기 양을 위하여 공급해 주는 것과 같이 당신의 자녀들의 모든 필요를 공급해 주시는 하나님을 찬양합니다. 당신께서 채워 주실 수 없는 것은 없습니다."

다른 엄마가 이어서 기도할 수 있습니다. "주님, 그렇습니다. 주님께서 우리를 그렇게 깊이 돌봐 주시니 기쁩니다. 목자가 자기 양을 알듯이 주님께서는 우리의 필요를 아십니다."

"아버지, 저는 목자가 자기 양을 알 듯, 당신께서 저를 아시고 저의 필요를 정확히 아시니 당신을 찬양합니다."

세 번째 엄마가 다음과 같이 계속 기도할 수 있습니다. "우리를 이해하시고 당신의 팔로 모아, 품에 우리를 안아 주시는 우리의 목자이신 당신 자신의 이 아름다운 그림을 우리에게 주시니 주님을 찬양합니다."

목자이신 하나님께 드리는 찬양을 그 주제가 다 할 때까지 계속하십시오.

우리가 하나님을 찬양할 때:

- 찬양은 하나님을 높이며 하나님께 영광을 돌립니다.
- 찬양은 하나님이 어떤 분이신지를 선언하고, 선포하고, 고백하는 것입니다.
- 찬양은 우리를 위한 것입니다. 찬양은 우리가 처한 상황이 아니라 하나님께 초점을 맞추기 때문에 우리의 삶에 자유와 격려를 줍니다.
- 하나님의 임재를 느끼게 해줍니다(시편 22:3).
- 사탄의 권세를 쫓아내며 사탄이 패하게 합니다. 역대하 20:22, "그 노래와 찬송이 시작될 때에 여호와께서 복병을 두어 유다를 치러 온 암몬 자손과 모압과 세일 산 주민들을 치게 하시므로 그들이 패하였으니."

하나님의 속성

신실하심

신명기 7:9
그런즉 너는 알라 오직 네 하나님 여호와는 하나님이시요 신실하신 하나님이시라 그를 사랑하고 그의 계명을 지키는 자에게는 천 대까지 그의 언약을 이행하시며 인애를 베푸시되

시편 145:13
주의 나라는 영원한 나라이니 주의 통치는 대대에 이르리이다

디모데후서 2:13
우리는 미쁨이 없을지라도 주는 항상 미쁘시니 자기를 부인하실 수 없으시리라

지혜로우심

이사야 55:8-9
[8]이는 내 생각이 너희의 생각과 다르며 내 길은 너희의 길과 다름이니라 여호와의 말씀이니라 [9]이는 하늘이 땅보다 높음 같이 내 길은 너희의 길보다 높으며 내 생각은 너희의 생각보다 높음이니라

다니엘 2:20-22
[20]다니엘이 말하여 이르되 영원부터 영원까지 하나님의 이름을 찬송할 것은 지혜와 능력이 그에게 있음이로다 [21]그는 때와 계절을 바꾸시며 왕들을 폐하시고 왕들을 세우시며 지혜자에게 지혜를 주시고 총명한 자에게 지식을 주시는도다 [22]그는 깊고 은밀한 일을 나타내시고 어두운 데에 있는 것을 아시며 또 빛이 그와 함께 있도다

로마서 11:33-34
[33]깊도다 하나님의 지혜와 지식의 풍성함이여, 그의 판단은 헤아리지 못할 것이며 그의 길은 찾지 못할 것이로다 [34]누가 주의 마음을 알았느냐 누가 그의 모사가 되었느냐

영원하심

시편 90:2
산이 생기기 전, 땅과 세계도 주께서 조성하시기 전 곧 영원부터 영원까지 주는 하나님이시니이다

다니엘 7:14
그에게 권세와 영광과 나라를 주고 모든 백성과 나라들과 다른 언어를 말하는 모

든 자들이 그를 섬기게 하였으니 그의 권세는 소멸되지 아니하는 영원한 권세요 그의 나라는 멸망하지 아니할 것이니라

요한계시록 1:8, 18
⁸주 하나님이 이르시되 나는 알파와 오메가라 이제도 있고 전에도 있었고 장차 올 자요 전능한 자라 하시더라… ¹⁸곧 살아 있는 자라 내가 전에 죽었었노라 볼지어다 이제 세세토록 살아 있어 사망과 음부의 열쇠를 가졌노니

긍휼하심

시편 103:13-14
¹³아버지가 자식을 긍휼히 여김 같이 여호와께서는 자기를 경외하는 자를 긍휼히 여기시나니 ¹⁴이는 그가 우리의 체질을 아시며 우리가 단지 먼지뿐임을 기억하심이로다

이사야 30:18-19
¹⁸그러나 여호와께서 기다리시나니 이는 너희에게 은혜를 베풀려 하심이요 일어나시리니 이는 너희를 긍휼히 여기려 하심이라 대저 여호와는 정의의 하나님이심이라 그를 기다리는 자마다 복이 있도다 ¹⁹시온에 거주하며 예루살렘에 거주하는 백성아 너는 다시 통곡하지 아니할 것이라 그가 네 부르짖는 소리로 말미암아 네게 은혜를 베푸시되 그가 들으실 때에 네게 응답하시리라

마태복음 9:36
무리를 보시고 불쌍히 여기시니 이는 그들이 목자 없는 양과 같이 고생하며 기진함이라

거룩하심

출애굽기 15:11
여호와여 신 중에 주와 같은 자가 누구니이까 주와 같이 거룩함으로 영광스러우며 찬송할 만한 위엄이 있으며 기이한 일을 행하는 자가 누구니이까

이사야 57:15
지극히 존귀하며 영원히 거하시며 거룩하다 이름하는 이가 이와 같이 말씀하시되

내가 높고 거룩한 곳에 있으며 또한 통회하고 마음이 겸손한 자와 함께 있나니 이는 겸손한 자의 영을 소생시키며 통회하는 자의 마음을 소생시키려 함이라

요한계시록 15:4
주여 누가 주의 이름을 두려워하지 아니하며 영화롭게 하지 아니하오리이까 오직 주만 거룩하시니이다 주의 의로우신 일이 나타났으매 만국이 와서 주께 경배하리이다 하더라

창조주

예레미야 10:12
여호와께서 그의 권능으로 땅을 지으셨고 그의 지혜로 세계를 세우셨고 그의 명철로 하늘을 펴셨으며

시편 95:3-6
³여호와는 크신 하나님이시요 모든 신들보다 크신 왕이시기 때문이로다 ⁴땅의 깊은 곳이 그의 손 안에 있으며 산들의 높은 곳도 그의 것이로다 ⁵바다도 그의 것이라 그가 만드셨고 육지도 그의 손이 지으셨도다 ⁶오라 우리가 굽혀 경배하며 우리를 지으신 여호와 앞에 무릎을 꿇자

골로새서 1:16
만물이 그에게서 창조되되 하늘과 땅에서 보이는 것들과 보이지 않는 것들과 혹은 왕권들이나 주권들이나 통치자들이나 권세들이나 만물이 다 그로 말미암고 그를 위하여 창조되었고

고백 – 찬양의 시간에 이어서, 하나님께서 여러분의 삶에 하나님을 기쁘시게 해 드리지 못한 부분들을 드러내 주실 것입니다. 그룹 인도자는 각 엄마들에게 몇 분 동안 시간을 내서 조용히 하나님께 죄를 고백할 시간을 가지라고 인도하십시오. 이사야 59:2에서는, "오직 너희 죄악이 너희와 너희 하나님 사이를 갈라 놓았고 너희 죄가 그의 얼굴을 가리어서 너희에게서 듣지 않으시게 함이니"라고 말씀합니다. 하나님께서는 우리에게 고백하지 않은 죄가 있을 때 우리의 기도에 응답하지 않겠다고 말씀하셨습니다. 만일 하나님께서 우리의

기도를 듣고 응답해 주시기를 바란다면, 하나님과 만이 아니라 사람들과도 바른 관계를 가져야 합니다.

성령님께서 죄를 깨닫게 해 주실 때 우리 죄를 어떻게 고백합니까?

1. 죄를 구체적으로 명명하고, 그것을 죄라고 말씀하시는 하나님께 동의하십시오.

2. 그 죄에 대해 회개하십시오. 그러면 그 결과로 변화된 태도와 행위가 나타날 것입니다.

3. 그리스도께서 십자가에서 하신 일로 인해 여러분의 죄를 용서하신 하나님께 감사드리십시오.

   "만일 우리가 우리 죄를 자백하면 저는 미쁘시고 의로우사 우리 죄를 사하시며 우리를 모든 불의에서 깨끗하게 하실 것이요"(요한일서 1:9).

4. 성령의 충만함을 받고 또한 성령의 다스림을 받게 해 달라고 구하십시오. 여러분의 의지를 복종하고 하나님께 여러분 자신을 전적으로 헌신하십시오.

   ⇒ **명령:** 에베소서 5:18하, "오직 성령으로 충만함을 받으라."

   ⇒ **약속:** 요한일서 5:14-15, "그를 향하여 우리가 가진바 담대함이 이것이니 그의 뜻대로 무엇을 구하면 들으심이라 우리가 무엇이든지 구하는 바를 들으시는 줄을 안즉 우리가 그에게 구한 그것을 얻은 줄을 또한 아느니라."

5. 하나님께서 그 약속에 근거하여 여러분을 성령으로 채워 주심에 대해 믿음으로 감사드리십시오. 여러분의 느낌에 의존하지 마십시오. 우리의 느낌이 아니라, 하나님 말씀의 약속이 우리의 권세입니다.

감사 – 이 시간에, 우리는 감사 기도를 드립니다. 하나님께서 우리의 기도에 응답해 주신 것을 깊이 인정하고 감사한 마음을 표현합니다. 사도 바울은 데살로니가전서 5:18에서, "범사에 감사하라 이것이 그리스도 예수 안에서 너희를 향하신 하나님의 뜻이니라"고 권면했습니다. 시편 50:23상에서 하나님의 말씀은 우리가 하나님께 감사드릴 때, 그를 영화롭게 해 드리는 것이라고 했습니다. "감사로 제사를 드리는 자가 나를 영화롭게 하나니"

기도 응답을 말하는 데 시간을 보내지 말고, 그 응답을 기도로 직접 감사드리십시오. 다른 엄마들도 여러분과 함께 하나님께 감사드리는데 합심하여 동의함으로 동참할 것입니다. 여기에 한 예가 있습니다.

첫 번째 엄마: "사랑하는 아버지, 제 아들이 학교에서 좋은 크리스천 친구를 찾게 해주셔서 감사드립니다."

두 번째 엄마: "최적의 시기에 허락해 주셔서 감사합니다. 주께서는 그가 얼마나 외로웠는지 아셨고, 그가 주님 안에서 강건해지게 도와줄 크리스천 친구가 필요했다는 것을 알고 계셨습니다."

세 번째 엄마: "아버지, 당신의 선하심에 감사드립니다. 그의 삶의 모든 세부적인 것까지도 모두 진실히 돌봐 주심을 인하여 감사드립니다."

한 가지 감사 주제가 끝나면, 다른 엄마가 다른 기도 응답을 가지고 감사 기도를 시작할 수 있습니다. 그렇게 계속하면 됩니다.

이 시간은 오직 감사하는 데만 드려져야 함을 확실히 하십시오. 이때 기도 제목을 언급하고 싶은 유혹을 느낄 것입니다. 그러나 감사드리는데 집중해야 함을 기억하십시오.

중보 – 이 시간은 우리가 자녀들, 교사와 교직원, 학교 사안들과 기도하는 엄마들을 위하여 중보하며 하나님께 나아가는 능력있는 시간입니다. 여러분 그룹에 사람이 많은 경우에는 두세 명으로 구성된 소그룹으로 나누기를 제안합니다. 그러면 소그룹은 각 자녀를 위해 좀 더 많은 시간 동안 기도할 수 있습니다. 각 엄마는 그 주에 기도할 자녀 한 명을 선택합니다.

자녀들. 인도자는 자녀들을 위해 기도할 성경 구절을 나눕니다. 기도할 때 그 성경 말씀에 우리 자녀의 이름을 넣으면, 하나님 말씀의 권능이 근심과 두려움을 몰아내고 우리 속에 믿음을 생산합니다. 믿음이란 하나님께서 말씀하신 바를 그대로 받고 이에 따라 행동하는 것임을 기억하십시오. 믿음은 환경이 어떠하든지, 우리가 어떻게 느끼는지에 관계없이 하나님의 말씀을 그대로 받아들이는 것입니다.

우리 자녀들을 위하여 골로새서 1:10을 가지고 드리는 합심 기도의 예가 여기 있습니다.

"주께 합당하게 행하여 범사에 기쁘시게 하고 모든 선한 일에 열매를 맺게 하시며 하나님을 아는 것에 자라게 하시고"

첫 번째 엄마: "사랑하는 아버지, _____(자녀 이름)이가 주께 합당하게 행하여 범사에 아버지를 기쁘시게 해 드리고 모든 선한 일에 열매를 맺고, 아버지를 아는 것에 자라게 하옵소서."

두 번째 엄마: "예, 아버지, _____이가 아무리 어려운 상황 가운데 처할지라도 크리스천답게 행동할 수 있도록 도와주세요."

세 번째 엄마: "주님, 두 엄마들의 기도에 동의합니다. _____이가 학교에서의 행동과 집과 교회에서의 행동이 다르지 않게 도와주세요. 크리스천다운 행동이 그의 삶 전역에 걸쳐 나타나기를 원합니다."

두 번째 엄마: "아버지, _____이의 눈을 여셔서 주님을 진정 기쁘시게 해 드리는 것이 무엇인지를 깨닫게 하시고, 순종이 축복을 가져온다는 사실을 알게 해주세요."

이 말씀을 가지고 그 자녀를 위해 모두 기도한 다음에 다음 자녀를 위하여 기도하십시오. 구체적인 필요를 위하여 기도하기 전에 각 자녀를 위해 이 성구를 사용하여 기도해 주십시오.

각 자녀를 위하여 말씀으로 기도한 다음에는, 각 자녀의 구체적인 필요를 위해 기도하십시오. 구원, 선생님과 관련된 문제, 성적, 친구들의 구원 문제, 친구 선택, 혹은 가족 간의 대화 등을 위해 기도하십시오. 이러한 기도 제목을 기도일지에 기록하십시오(본 소책자 끝에 여러분이 복사하여 사용할 수 있는 기도일지가 있습니다.).

기도일지 날짜 :   년 월 일

- 모임의 참여자 모두를 위해 이 일지를 복사하세요.
- 정시에 시작하세요.
- 준비물: 성경, 기도하는 엄마들 소책자, 펜

찬양 – 하나님이 어떤 분이신지, 그분의 속성, 그분의 이름, 그분의 성품을 인하여 하나님을 찬양하십시오. 이 시간에는 기도 응답이나 기도 제목을 말하지 않습니다.

속성 _____

정의 _____

성경 구절 _____

_____

묵상 _____

고백 – 침묵으로 용서하시는 하나님께 죄를 고백합니다.

만일 우리가 우리 죄를 자백하면 그는 미쁘시고 의로우사 우리 죄를 사하시며 우리를 모든 불의에서 깨끗하게 하실 것이요(요한일서 1:9)

감사 – 하나님께서 이루신 일을 인하여 하나님께 감사드립니다. 이 시간에도 기도 제목을 말하지 않습니다.

범사에 감사하라 이것이 그리스도 예수 안에서 너희를 향하신 하나님의 뜻이니라(데살로니가전서 5:18)

_____

_____

_____

중보 – 두세 명으로 소모임을 만드십시오.
우리 자녀들을 위한 중보기도 – 각 엄마는 한 자녀를 선택합니다.

성구: _____

첫 번째 엄마의 자녀: _____

두 번째 엄마의 자녀: _____

세 번째 엄마의 자녀: _____

구체적인 기도제목

첫 번째 엄마의 자녀: _____

두 번째 엄마의 자녀: _____

세 번째 엄마의 자녀: _____

교사/ 스태프를 위한 중보기도

_____ 선생님의 눈을 열어 주셔서 어둠에서 빛으로, 사탄의 권세에서 하나님께로 돌아오게 하셔서 죄 사함과 예수를 믿어 거룩하게 된 무리 가운데서 기업을 얻게 하옵소서. 사도행전 26:18

성구: _____

구체적인 기도제목: _____

_____

학교의 주요 사안을 위한 중보기도 – 학교 캠퍼스에서 부흥과 영적 각성이 일어나도록(시간이 허락되면 '보호'와 같은 다른 사안을 위해서도 기도할 수 있습니다.)

_____

_____

기도하는 엄마들 사안 – 모든 학교가 기도를 받도록; 이 기도 사역이 더럽혀지지 않고 순수성을 유지하도록

_____

_____

_____

기억하십시오: 모임에서 기도한 내용은 모임 안에만 있어야 합니다.

＊한국에서는 기도하는 엄마들이 기도하는 데 도움이 되도록『기도일지』를 제작·보급하고 있습니다. 구입은 www. mip.or.kr의 "프리셉트 쇼핑몰"에서 하실 수 있습니다(편역자 주).

자녀들을 위한 기도 제안

하나님과의 관계를 위해 기도하십시오.

- **능히 모든 성도와 함께 지식에 넘치는 그리스도의 사랑을 알고**

    에베소서 3:18-19

    ¹⁸능히 모든 성도와 함께 지식에 넘치는 그리스도의 사랑을 알고 ¹⁹그 너비와 길이와 높이와 깊이가 어떠함을 깨달아 하나님의 모든 충만하신 것으로 너희에게 충만하게 하시기를 구하노라

- **그들이 어린 나이에 예수 그리스도를 구주로 영접할 수 있도록**

    디모데후서 3:15

    또 어려서부터 성경을 알았나니 성경은 능히 너로 하여금 그리스도 예수 안에 있는 믿음으로 말미암아 구원에 이르는 지혜가 있게 하느니라

- **하나님께서 그들의 삶 속에 역사하셔서 그들을 향해 갖고 계신 목적을 이루시게 해 드리도록**

    빌립보서 2:13

    너희 안에서 행하시는 이는 하나님이시니 자기의 기쁘신 뜻을 위하여 너희에게 소원을 두고 행하게 하시나니

- **그들이 전심으로 하나님을 찾으며, 교회에 기꺼이 나가도록**

    시편 63:1

    하나님이여 주는 나의 하나님이시라 내가 간절히 주를 찾되 물이 없어 마르고 황폐한 땅에서 내 영혼이 주를 갈망하며 내 육체가 주를 앙모하나이다

    시편 122:1

    사람이 내게 말하기를 여호와의 집에 올라가자 할 때에 내가 기뻐하였도다

- **죄를 지었을 때 발각되도록**

    민수기 32:23

    너희가 만일 그같이 아니하면 여호와께 범죄함이니 너희 죄가 반드시 너희를 찾아낼 줄 알라

경건한 성품을 위해 기도하십시오.

❧ 열등한 태도나 우월한 태도로부터 보호받게 되도록

창세기 1:27
하나님이 자기 형상 곧 하나님의 형상대로 사람을 창조하시되 남자와 여자를 창조하시고

빌립보서 2:3
아무 일에든지 다툼이나 허영으로 하지 말고 오직 겸손한 마음으로 각각 자기보다 남을 낫게 여기고

❧ 권위를 존중하도록

베드로전서 2:13-14
¹³인간의 모든 제도를 주를 위하여 순종하되 혹은 위에 있는 왕이나 ¹⁴혹은 그가 악행하는 자를 징벌하고 선행하는 자를 포상하기 위하여 보낸 총독에게 하라

❧ 자기 능력 내에서 최선을 다하는 학생이 되도록

골로새서 3:23
무슨 일을 하든지 마음을 다하여 주께 하듯 하고 사람에게 하듯 하지 말라

❧ 죄를 미워하도록

시편 97:10
여호와를 사랑하는 너희여 악을 미워하라 그가 그의 성도의 영혼을 보전하사 악인의 손에서 건지시느니라

❧ 자기 성질을 다스릴 수 있도록

에베소서 4:26
분을 내어도 죄를 짓지 말며 해가 지도록 분을 품지 말고

❧ 그들의 삶 가운데서 성령의 열매를 보이도록

갈라디아서 5:22-23
²²오직 성령의 열매는 사랑과 희락과 화평과 오래 참음과 자비와 양선과 충성과 ²³온유와 절제니 이같은 것을 금지할 법이 없느니라

가족 관계를 위해 기도하십시오.

❧ 주 안에서 부모님께 순종하도록

잠언 1:8
내 아들아 네 아비의 훈계를 들으며 네 어미의 법을 떠나지 말라

골로새서 3:20
자녀들아 모든 일에 부모에게 순종하라 이는 주 안에서 기쁘게 하는 것이니라

❧ 훈계를 받아들이고, 이를 통해 유익을 얻도록

잠언 3:11-12
11내 아들아 여호와의 징계를 경히 여기지 말라 그 꾸지람을 싫어하지 말라 12대저 여호와께서 그 사랑하시는 자를 징계하시기를 마치 아비가 그 기뻐하는 아들을 징계함 같이 하시느니라

❧ 자신의 형제자매를 사랑하고, 평생토록 긍정적인 관계를 갖는데 방해가 되는 경쟁심을 갖지 않도록

에베소서 4:32
서로 친절하게 하며 불쌍히 여기며 서로 용서하기를 하나님이 그리스도 안에서 너희를 용서하심과 같이 하라

친구 관계를 위해 기도하십시오.

❧ 구원받지 못한 친구들이 예수님을 알도록

베드로후서 3:9
주의 약속은 어떤 이들이 더디다고 생각하는 것 같이 더딘 것이 아니라 오직 주께서는 너희를 대하여 오래 참으사 아무도 멸망하지 아니하고 다 회개하기에 이르기를 원하시느니라

❧ 경건한 친구들을 선택함으로 주 안에서 서로를 세워 주며, 그들을 잘못된 길로 이끄는 해로운 친구들에게서 보호받도록

전도서 4:10
혹시 그들이 넘어지면 하나가 그 동무를 붙들어 일으키려니와 홀로 있어 넘어지고 붙들어 일으킬 자가 없는 자에게는 화가 있으리라

잠언 1:10
내 아들아 악한 자가 너를 꾈지라도 따르지 말라

 그들이 확신하는 바에 견고히 서서 또래의 압력을 견디어 낼 수 있도록

에베소서 4:14
이는 우리가 이제부터 어린 아이가 되지 아니하여 사람의 속임수와 간사한 유혹에 빠져 온갖 교훈의 풍조에 밀려 요동하지 않게 하려 함이라

고린도전서 15:33
속지 말라 악한 동무들은 선한 행실을 더럽히나니

 외롭고, 낙심하고, 구원받지 않은 사람들에게 친구가 되도록

마태복음 25:40
임금이 대답하여 이르시되 내가 진실로 너희에게 이르노니 너희가 여기 내 형제 중에 지극히 작은 자 하나에게 한 것이 곧 내게 한 것이니라 하시고

빌립보서 2:4
각각 자기 일을 돌볼뿐더러 또한 각각 다른 사람들의 일을 돌보아 나의 기쁨을 충만하게 하라

보호를 위해 기도하십시오.

 악한 자로부터

요한복음 17:15
내가 비옵는 것은 그들을 세상에서 데려가시기를 위함이 아니요 다만 악에 빠지지 않게 보전하시기를 위함이니이다

 마약, 술, 담배로부터

잠언 20:1
포도주는 거만하게 하는 것이요 독주는 떠들게 하는 것이라 이에 미혹되는 자마다 지혜가 없느니라

잠언 23:31-32

³¹포도주는 붉고 잔에서 번쩍이며 순하게 내려가나니 너는 그것을 보지도 말지어다 ³²그것이 마침내 뱀 같이 물 것이요 독사 같이 쏠 것이며

억울한 희생과 훼방으로부터

누가복음 17:1-2

¹예수께서 제자들에게 이르시되 실족하게 하는 것이 없을 수는 없으나 그렇게 하게 하는 자에게는 화로다 ²그가 이 작은 자 중의 하나를 실족하게 할진대 차라리 연자맷돌이 그 목에 매여 바다에 던져지는 것이 나으리라

혼전 성관계로부터

고린도전서 6:18-20

¹⁸음행을 피하라 사람이 범하는 죄마다 몸 밖에 있거니와 음행하는 자는 자기 몸에 죄를 범하느니라 ¹⁹너희 몸은 너희가 하나님께로부터 받은 바 너희 가운데 계신 성령의 전인 줄을 알지 못하느냐 너희는 너희 자신의 것이 아니라 ²⁰값으로 산 것이 되었으니 그런즉 너희 몸으로 하나님께 영광을 돌리라

육체적인 위험과 사고와 질병으로부터

빌립보서 4:6

아무 것도 염려하지 말고 다만 모든 일에 기도와 간구로, 너희 구할 것을 감사함으로 하나님께 아뢰라

장래를 위해서 기도하십시오.

배우자를 선택할 때 하나님을 구하도록

고린도후서 6:14

너희는 믿지 않는 자와 멍에를 함께 메지 말라 의와 불법이 어찌 함께 하며 빛과 어둠이 어찌 사귀며

직업 선택을 하는데 있어서 현명하도록

잠언 3:6

너는 범사에 그를 인정하라 그리하면 네 길을 지도하시리라

✎ 하나님께서 주신 은사와 재능과 능력을 하나님의 영광을 위하여 사용하도록

마태복음 25:21
그 주인이 이르되 잘하였도다 착하고 충성된 종아 네가 적은 일에 충성하였으매 내가 많은 것을 네게 맡기리니 네 주인의 즐거움에 참여할지어다 하고

에베소서 2:10
우리는 그가 만드신 바라 그리스도 예수 안에서 선한 일을 위하여 지으심을 받은 자니 이 일은 하나님이 전에 예비하사 우리로 그 가운데서 행하게 하려 하심이니라

자녀들을 위하여 기도할 수 있는 기타 구절들:

신명기 10:12-13
¹²이스라엘아 네 하나님 여호와께서 네게 요구하시는 것이 무엇이냐 곧 네 하나님 여호와를 경외하여 그의 모든 도를 행하고 그를 사랑하며 마음을 다하고 뜻을 다하여 네 하나님 여호와를 섬기고 ¹³내가 오늘 네 행복을 위하여 네게 명하는 여호와의 명령과 규례를 지킬 것이 아니냐

역대상 28:9
내 아들 솔로몬아 너는 네 아버지의 하나님을 알고 온전한 마음과 기쁜 뜻으로 섬길지어다 여호와께서는 모든 마음을 감찰하사 모든 의도를 아시나니 네가 만일 그를 찾으면 만날 것이요 만일 네가 그를 버리면 그가 너를 영원히 버리시리라

마태복음 6:33
그런즉 너희는 먼저 그의 나라와 그의 의를 구하라 그리하면 이 모든 것을 너희에게 더하시리라

요한복음 17:26
내가 아버지의 이름을 그들에게 알게 하였고 또 알게 하리니 이는 나를 사랑하신 사랑이 그들 안에 있고 나도 그들 안에 있게 하려 함이니이다

로마서 12:2
너희는 이 세대를 본받지 말고 오직 마음을 새롭게 함으로 변화를 받아 하나님의 선하시고 기뻐하시고 온전하신 뜻이 무엇인지 분별하도록 하라

에베소서 1:18-19
[18]너희 마음의 눈을 밝히사 그의 부르심의 소망이 무엇이며 성도 안에서 그 기업의 영광의 풍성함이 무엇이며 [19]그의 힘의 위력으로 역사하심을 따라 믿는 우리에게 베푸신 능력의 지극히 크심이 어떠한 것을 너희로 알게 하시기를 구하노라

에베소서 4:1-2
[1]그러므로 주 안에서 갇힌 내가 너희를 권하노니 너희가 부르심을 받은 일에 합당하게 행하여 [2]모든 겸손과 온유로 하고 오래 참음으로 사랑 가운데서 서로 용납하고

에베소서 4:23-25
[23]오직 너희의 심령이 새롭게 되어 [24]하나님을 따라 의와 진리의 거룩함으로 지으심을 받은 새 사람을 입으라 [25]그런즉 거짓을 버리고 각각 그 이웃과 더불어 참된 것을 말하라 이는 우리가 서로 지체가 됨이라

에베소서 4:29
무릇 더러운 말은 너희 입 밖에도 내지 말고 오직 덕을 세우는 데 소용되는 대로 선한 말을 하여 듣는 자들에게 은혜를 끼치게 하라

에베소서 5:1-3
[1]그러므로 사랑을 받는 자녀 같이 너희는 하나님을 본받는 자가 되고 [2]그리스도께서 너희를 사랑하신 것 같이 너희도 사랑 가운데서 행하라 그는 우리를 위하여 자신을 버리사 향기로운 제물과 희생제물로 하나님께 드리셨느니라 [3]음행과 온갖 더러운 것과 탐욕은 너희 중에서 그 이름조차도 부르지 말라 이는 성도에게 마땅한 바니라

빌립보서 3:10
내가 그리스도와 그 부활의 권능과 그 고난에 참여함을 알고자 하여 그의 죽으심을 본받아

골로새서 1:9–11
⁹이로써 우리도 듣던 날부터 너희를 위하여 기도하기를 그치지 아니하고 구하노니 너희로 하여금 모든 신령한 지혜와 총명에 하나님의 뜻을 아는 것으로 채우게 하시고 ¹⁰주께 합당하게 행하여 범사에 기쁘시게 하고 모든 선한 일에 열매를 맺게 하시며 하나님을 아는 것에 자라게 하시고 ¹¹그의 영광의 힘을 따라 모든 능력으로 능하게 하시며 기쁨으로 모든 견딤과 오래 참음에 이르게 하시고

골로새서 2:6–8
⁶그러므로 너희가 그리스도 예수를 주로 받았으니 그 안에서 행하되 ⁷그 안에 뿌리를 박으며 세움을 받아 교훈을 받은 대로 믿음에 굳게 서서 감사함을 넘치게 하라 ⁸누가 철학과 헛된 속임수로 너희를 사로잡을까 주의하라 이것은 사람의 전통과 세상의 초등학문을 따름이요 그리스도를 따름이 아니니라

골로새서 3:1–2
¹그러므로 너희가 그리스도와 함께 다시 살리심을 받았으면 위의 것을 찾으라 거기는 그리스도께서 하나님 우편에 앉아 계시느니라 ²위의 것을 생각하고 땅의 것을 생각하지 말라

데살로니가전서 4:3–4, 7
³하나님의 뜻은 이것이니 너희의 거룩함이라 곧 음란을 버리고 ⁴각각 거룩함과 존귀함으로 자기의 아내 대할 줄을 알고… ⁷하나님이 우리를 부르심은 부정하게 하심이 아니요 거룩하게 하심이니

디모데후서 2:15–16
¹⁵너는 진리의 말씀을 옳게 분별하며 부끄러울 것이 없는 일꾼으로 인정된 자로 자신을 하나님 앞에 드리기를 힘쓰라 ¹⁶망령되고 헛된 말을 버리라 그들은 경건하지 아니함에 점점 나아가나니

야고보서 4:8
하나님을 가까이하라 그리하면 너희를 가까이하시리라 죄인들아 손을 깨끗이 하라 두 마음을 품은 자들아 마음을 성결하게 하라

요한일서 1:8-9
⁸만일 우리가 죄가 없다고 말하면 스스로 속이고 또 진리가 우리 속에 있지 아니할 것이요 ⁹만일 우리가 우리 죄를 자백하면 그는 미쁘시고 의로우사 우리 죄를 사하시며 우리를 모든 불의에서 깨끗하게 하실 것이요

요한일서 2:15-16
¹⁵이 세상이나 세상에 있는 것들을 사랑하지 말라 누구든지 세상을 사랑하면 아버지의 사랑이 그 안에 있지 아니하니 ¹⁶이는 세상에 있는 모든 것이 육신의 정욕과 안목의 정욕과 이생의 자랑이니 다 아버지께로부터 온 것이 아니요 세상으로부터 온 것이라

요한일서 3:7
자녀들아 아무도 너희를 미혹하지 못하게 하라 의를 행하는 자는 그의 의로우심과 같이 의롭고

교사와 직원들을 위한 기도 제안:

우리가 교사들과 직원들을 위해 기도할 때, 비록 그 결과를 보지 못할지라도 주께서 우리 기도를 들으시고 응답하신다는 것을 확신할 수 있습니다.

많은 교사들이 우리의 기도에 대하여 얼마나 감사한지 말했고 우리가 계속 기도해 주기를 기대하고 있다고 했습니다. 한 선생님은 눈물을 지으며, 우리가 실제적으로 시간을 내서 관심을 가지고 자기를 위해 기도한다는 사실을 도저히 믿을 수 없다고 말하면서 얼마나 감사한지를 표현했습니다. 그녀는 자기를 위해 기도하는 사람은 오직 자기 어머니뿐이라고 생각했답니다.

교사들/직원들을 위해 성구를 기도함으로 시작하십시오:

역대하 19:7
그런즉 너희는 여호와를 두려워하는 마음으로 삼가 행하라 우리의 하나님 여호와께서는 불의함도 없으시고 치우침도 없으시고 뇌물을 받는 일도 없으시니라 하니라

시편 43:3
주의 빛과 주의 진리를 보내시어 나를 인도하시고 주의 거룩한 산과 주께서 계시는 곳에 이르게 하소서

잠언 2:10-11
[10]곧 지혜가 네 마음에 들어가며 지식이 네 영혼을 즐겁게 할 것이요 [11]근신이 너를 지키며 명철이 너를 보호하여

고린도전서 4:2
그리고 맡은 자들에게 구할 것은 충성이니라

역대하 9:8
당신의 하나님 여호와를 송축할지로다 하나님이 당신을 기뻐하시고 그 자리에 올리사 당신의 하나님 여호와를 위하여 왕이 되게 하셨도다 당신의 하나님이 이스라엘을 사랑하사 영원히 견고하게 하시려고 당신을 세워 그들의 왕으로 삼아 정의와 공의를 행하게 하셨도다 하고

에베소서 1:17
우리 주 예수 그리스도의 하나님, 영광의 아버지께서 지혜와 계시의 영을 너희에게 주사 하나님을 알게 하시고

에베소서 3:18-19
[18]능히 모든 성도와 함께 지식에 넘치는 그리스도의 사랑을 알고 [19]그 너비와 길이와 높이와 깊이가 어떠함을 깨달아 하나님의 모든 충만하신 것으로 너희에게 충만하게 하시기를 구하노라

에베소서 6:19-20
[19]또 나를 위하여 구할 것은 내게 말씀을 주사 나로 입을 열어 복음의 비밀을 담대히 알게 하옵소서 할 것이니 [20]이 일을 위하여 내가 쇠사슬에 매인 사신이 된 것은 나로 이 일에 당연히 할 말을 담대히 하게 하려 하심이라

빌립보서 1:9-11
[9]내가 기도하노라 너희 사랑을 지식과 모든 총명으로 점점 더 풍성하게 하사 [10]너희로 지극히 선한 것을 분별하며 또 진실하여 허물 없이 그리스도의 날까지 이르

고 ¹¹예수 그리스도로 말미암아 의의 열매가 가득하여 하나님의 영광과 찬송이 되기를 원하노라

골로새서 3:12-15
¹²그러므로 너희는 하나님이 택하사 거룩하고 사랑 받는 자처럼 긍휼과 자비와 겸손과 온유와 오래 참음을 옷 입고 ¹³누가 누구에게 불만이 있거든 서로 용납하여 피차 용서하되 주께서 너희를 용서하신 것 같이 너희도 그리하고 ¹⁴이 모든 것 위에 사랑을 더하라 이는 온전하게 매는 띠니라 ¹⁵그리스도의 평강이 너희 마음을 주장하게 하라 너희는 평강을 위하여 한 몸으로 부르심을 받았나니 너희는 또한 감사하는 자가 되라

골로새서 3:17
또 무엇을 하든지 말에나 일에나 다 주 예수의 이름으로 하고 그를 힘입어 하나님 아버지께 감사하라

골로새서 4:3-6
³또한 우리를 위하여 기도하되 하나님이 전도할 문을 우리에게 열어 주사 그리스도의 비밀을 말하게 하시기를 구하라 내가 이 일 때문에 매임을 당하였노라 ⁴그리하면 내가 마땅히 할 말로써 이 비밀을 나타내리라 ⁵외인에게 대해서는 지혜로 행하여 세월을 아끼라 ⁶너희 말을 항상 은혜 가운데서 소금으로 맛을 냄과 같이 하라 그리하면 각 사람에게 마땅히 대답할 것을 알리라

디모데전서 6:20
디모데야 망령되고 헛된 말과 거짓된 지식의 반론을 피함으로 네게 부탁한 것을 지키라

디모데후서 2:24-25
²⁴주의 종은 마땅히 다투지 아니하고 모든 사람에 대하여 온유하며 가르치기를 잘하며 참으며 ²⁵거역하는 자를 온유함으로 훈계할지니 혹 하나님이 그들에게 회개함을 주사 진리를 알게 하실까 하며

디도서 2:7-8
⁷범사에 네 자신이 선한 일의 본을 보이며 교훈에 부패하지 아니함과 단정함과

[8]책망할 것이 없는 바른 말을 하게 하라 이는 대적하는 자로 하여금 부끄러워 우리를 악하다 할 것이 없게 하려 함이라

베드로전서 5:2
너희 중에 있는 하나님의 양 무리를 치되 억지로 하지 말고 하나님의 뜻을 따라 자원함으로 하며 더러운 이득을 위하여 하지 말고 기꺼이 하며

교사들을 위한 구체적인 기도 제안:

- 그들이 하나님의 구원 선물을 받아들이도록
- 탁월성과 창의성을 가지고 가르치도록
- 은혜롭고 유쾌한 언어를 사용하도록
- 각각의 아이를 특별한 개인으로 여기도록, 그저 "자기 반" 혹은 "자기 직업"으로 여기지 않도록
- 학생들 각자의 삶에 영원한 변화를 일으키려는 열정을 갖도록
- 선한 일을 하다가 지치지 않도록(갈 6:9), 탁월성과 훈련에 대한 헌신이 시들지 않도록
- 보강 선생님들이 반 학생들을 잘 통제하며 환영받고 선한 영향력을 끼치도록
- 개인적으로 어려운 문제들을 겪고 있는 선생님들이 하나님을 찾도록
- 크리스천 교사들이 교과 과정 속에 담긴 세속적인 철학을 알아차리고 자기 가치관에 공개적으로 확고히 서도록

학교를 위한 기도 제안:

우리가 학교 사안을 위하여 기도할 때, 하나님의 능력이 우리 아이의 학교 환경에 영향을 미치도록 중보합니다.

- 나라와 도와 여러분의 지역 내 학교의 자리가 경건한 원칙과 가치를 지닌 분들로 채워지도록

- 새로운 교과 과정이 지혜롭게 선택되도록, 그리고 그 교과 과정이 성경적 표준과 높은 도덕적 가치를 포함하도록
- 각 학생이 하나님의 위대한 사랑과 하나님께서 예비하신 구원에 대하여 알고 하나님의 용서하시는 은혜를 받아들이도록
- 어려운 가정 환경에 처한 아이들이 선생님들로부터 경건한 상담과 배려를 받도록
- 여러분의 자녀가 다니는 학교가 마약이나 알코올 중독과 무관하고, 그 외 어떠한 중독도 어린 학생들을 지배하지 않도록
- 방과 후 활동에서 학생들이 현명하지 못한 선택을 하지 않게 하나님께서 보호해 주시도록
- 인종이나 종교에 관계없이 서로를 존중하도록
- 가능하다면 학교의 모든 학생들 이름을 불러가며 기도하십시오.
- 학교 캠퍼스를 보호해 달라고 기도하십시오.

기도하는 엄마들 모임을 위한 기도 제안:

기도하는 시간을 마치면서, 잠시 시간을 내서 **기도하는 엄마들** 사역을 위해서 기도해 주십시오. 구체적인 기도 제목을 위해 www.mip.or.kr을 방문해 주십시오.

- 여러분의 기도 모임에 다른 엄마들도 동참할 수 있도록
- 여러분이 살고 있는 지역의 모든 학교(이름을 구체적으로 들어가면서)를 위해 **기도하는 엄마들** 모임이 생기도록 기도하십시오.
- 여러분이 살고 있는 도시와 지역의 모든 학교를 위해 기도하십시오.
- 여러분이 살고 있는 도/국가의 모든 학교를 위해 **기도하는 엄마들** 모임이 생기도록 기도하십시오.
- 전 세계 모든 국가에 자녀와 학교를 위해 **기도하는 엄마들**이 일어나도록 기도하십시오.

- 주께서 **기도하는 엄마들**의 임원들과 이사회에 지혜와 분별력을 주셔서 이 사역을 위한 모든 결정들을 하나님의 뜻대로 내릴 수 있게 기도하십시오.

- 하나님께서 **기도하는 엄마들** 사역을 변질되지 않고 순수하게 보존해 주시도록 기도하십시오.

다음 4단계 기도를 용이하게 하기 위하여, 본 소책자에 삽입된 기도일지를 사용할 수 있겠습니다. 이것을 복사하여 사용하시면 됩니다. 기도일지는 또한 www.MomsInPrayer.org에도 있습니다. 기도일지에서 하나님의 속성이나 성품 중 하나를 선택하여 성구를 채워 사용하거나, 부분적으로 채워진 하나님의 속성에 관한 52개 기도일지 중 하나를 다운 받을 수 있습니다.(한국에서는 기도하는 엄마들 기도일지를 제작·보급하고 있습니다. 한 자녀를 위해 한 학기에 한 권을 가지고 기도할 수 있게 편집되어 있습니다. www.mip.or.kr 프리셉트 쇼핑몰에서 구입할 수 있습니다: 편역자 주)

불신자를 위한 기도

어떤 사람의 구원이 불가능해 보일지라도, 우리는 마가복음 10:27하의 말씀을 믿고 기도할 필요가 있습니다. "… 하나님으로서는 다 하실 수 있느니라." 우리는 영적 전투 가운데 있습니다. 그러나 우리의 영적 무기가 막강하고 그리스도 안에 있는 우리의 권세가 모든 정사와 권세와 어두움의 세력들보다 강함을 인하여 하나님께 감사드립니다. 원수는 반드시 굴복할 것입니다(고린도후서 10:3-5). 우리는 학생들과 선생님들 그리고 직원들이 구원받기를 간구하며 예수님의 이름으로 기도합니다. 이것은 믿음과 인내와 끈기가 필요합니다. 고린도후서 5:7, "이는 우리가 믿음으로 행하고 보는 것으로 행하지 아니함이로라"는 말씀을 기억하십시오.

다음은 고린도후서 10:3-5를 사용하여 불신자를 위해서 한 합심 기도의 예입니다 :

첫 번째 엄마: "사랑하는 아버지, _____의 삶 가운데서 사탄의 모든 역사가 무너지기를 주 예수의 이름으로 간구합니다."

두 번째 엄마: "그의 모든 생각이 그리스도께 사로잡혀서 복종하게 되기를 기도합니다."

세 번째 엄마: "주 예수 그리스도의 이름의 권세로 그가 악한 자의 능력과 꼬임으로부터 벗어나기를 간구합니다."

첫 번째 엄마: "그의 양심이 죄를 깨닫게 하시고, 하나님께서 그를 회개케 하시고, 그가 하나님의 말씀을 듣고 읽을 때 알아듣게 하시고 깨달아 믿게 되기를 기도합니다."

세 번째 엄마: "당신의 완전하신 뜻과 목적이 그의 속에서 그를 통해 이루어지기를 빕니다."

불신자들을 위한 기도 시간에 사용할 수 있는 제안 성구들:

에스겔 11:19

내가 그들에게 한 마음을 주고 그 속에 새 영을 주며 그 몸에서 돌 같은 마음을 제거하고 살처럼 부드러운 마음을 주어

디모데전서 2:4-6

[4]하나님은 모든 사람이 구원을 받으며 진리를 아는 데에 이르기를 원하시느니라 [5]하나님은 한 분이시요 또 하나님과 사람 사이에 중보자도 한 분이시니 곧 사람이신 그리스도 예수라 [6]그가 모든 사람을 위하여 자기를 대속물로 주셨으니 기약이 이르러 주신 증거니라

로마서 10:13-15

[13]누구든지 주의 이름을 부르는 자는 구원을 받으리라 [14]그런즉 그들이 믿지 아니하는 이를 어찌 부르리요 듣지도 못한 이를 어찌 믿으리요 전파하는 자가 없이 어찌 들으리요 [15]보내심을 받지 아니하였으면 어찌 전파하리요 기록된 바 아름답도다 좋은 소식을 전하는 자들의 발이여 함과 같으니라

고린도후서 4:3-4

[3]만일 우리의 복음이 가리었으면 망하는 자들에게 가리어진 것이라 [4]그 중에 이 세상의 신이 믿지 아니하는 자들의 마음을 혼미하게 하여 그리스도의 영광의 복음의 광채가 비치지 못하게 함이니 그리스도는 하나님의 형상이니라

요한복음 14:6

예수께서 이르시되 내가 곧 길이요 진리요 생명이니 나로 말미암지 않고는 아버지께로 올 자가 없느니라

베드로후서 3:9

주의 약속은 어떤 이들이 더디다고 생각하는 것 같이 더딘 것이 아니라 오직 주께서는 너희를 대하여 오래 참으사 아무도 멸망하지 아니하고 다 회개하기에 이르기를 원하시느니라

마가복음 1:5

온 유대 지방과 예루살렘 사람이 다 나아가 자기 죄를 자복하고 요단 강에서 그에게 세례를 받더라

디모데후서 2:25-26

²⁵거역하는 자를 온유함으로 훈계할지니 혹 하나님이 그들에게 회개함을 주사 진리를 알게 하실까 하며 ²⁶그들로 깨어 마귀의 올무에서 벗어나 하나님께 사로잡힌 바 되어 그 뜻을 따르게 하실까 함이라

주장할 약속의 말씀들

역대하 7:14 내 이름으로 일컫는 내 백성이 그들의 악한 길에서 떠나 스스로 낮추고 기도하여 내 얼굴을 찾으면 내가 하늘에서 듣고 그들의 죄를 사하고 그들의 땅을 고칠지라

시편 44:5 우리가 주를 의지하여 우리 대적을 누르고 우리를 치러 일어나는 자를 주의 이름으로 밟으리이다

시편 50:15 환난 날에 나를 부르라 내가 너를 건지리니 네가 나를 영화롭게 하리로다

시편 84:11 여호와 하나님은 해요 방패이시라 여호와께서 은혜와 영화를 주시며 정직하게 행하는 자에게 좋은 것을 아끼지 아니하실 것임이니이다

이사야 30:19하 시온에 거주하며 예루살렘에 거주하는 백성아 너는 다시 통곡하지 아니할 것이라 그가 네 부르짖는 소리로 말미암아 네게 은혜를 베푸시되 그가 들으실 때에 네게 응답하시리라

예레미야 33:3 너는 내게 부르짖으라 내가 네게 응답하겠고 네가 알지 못하는 크고 은밀한 일을 네게 보이리라

마태복음 18:19-20 [19]진실로 다시 너희에게 이르노니 너희 중의 두 사람이 땅에서 합심하여 무엇이든지 구하면 하늘에 계신 내 아버지께서 그들을 위하여 이루게 하시리라 [20]두세 사람이 내 이름으로 모인 곳에는 나도 그들 중에 있느니라

마태복음 21:22 너희가 기도할 때에 무엇이든지 믿고 구하는 것은 다 받으리라 하시니라

누가복음 1:37 대저 하나님의 모든 말씀은 능하지 못하심이 없느니라

하나님으로서는 다 하실 수 있느니라

마가복음 10:27하

누가복음 11:13 너희가 악할지라도 좋은 것을 자식에게 줄 줄 알거든 하물며 너희 하늘 아버지께서 구하는 자에게 성령을 주시지 않겠느냐 하시니라

요한복음 14:13-14 [13]너희가 내 이름으로 무엇을 구하든지 내가 행하리니 이는 아버지로 하여금 아들로 말미암아 영광을 받으시게 하려 함이라 [14]내 이름으로 무엇이든지 내게 구하면 내가 행하리라

요한복음 15:7 너희가 내 안에 거하고 내 말이 너희 안에 거하면 무엇이든지 원하는 대로 구하라 그리하면 이루리라

요한복음 16:24 지금까지는 너희가 내 이름으로 아무 것도 구하지 아니하였으나 구하라 그리하면 받으리니 너희 기쁨이 충만하리라

히브리서 10:22-23 [22]우리가 마음에 뿌림을 받아 악한 양심으로부터 벗어나고 몸은 맑은 물로 씻음을 받았으니 참 마음과 온전한 믿음으로 하나님께 나아가자 [23]또 약속하신 이는 미쁘시니 우리가 믿는 도리의 소망을 움직이지 말며 굳게 잡고

야고보서 1:5-6 [5]너희 중에 누구든지 지혜가 부족하거든 모든 사람에게 후히 주시고 꾸짖지 아니하시는 하나님께 구하라 그리하면 주시리라 [6]오직 믿음으로 구하고 조금도 의심하지 말라 의심하는 자는 마치 바람에 밀려 요동하는 바다 물결 같으니

야고보서 5:16 그러므로 너희 죄를 서로 고백하며 병이 낫기를 위하여 서로 기도하라 의인의 간구는 역사하는 힘이 큼이니라

요한일서 3:21-23 [21]사랑하는 자들아 만일 우리 마음이 우리를 책망할 것이 없으면 하나님 앞에서 담대함을 얻고 [22]무엇이든지 구하는 바를 그에게서 받나니 이는 우리가 그의 계명을 지키고 그 앞에서 기뻐하시는 것을 행함이라 [23]그의 계명은 이것이니 곧 그 아들 예수 그리스도의 이름을 믿고 그가 우리에게 주신 계명대로 서로 사랑할 것이니라

요한일서 5:14-15 ¹⁴그를 향하여 우리가 가진 바 담대함이 이것이니 그의 뜻대로 무엇을 구하면 들으심이라 ¹⁵우리가 무엇이든지 구하는 바를 들으시는 줄을 안즉 우리가 그에게 구한 그것을 얻은 줄을 또한 아느니라

말과 행동

기도하는 엄마들의 목적은 기도하는 것이지만, 어떤 기도 그룹들은 편지, 간식 혹은 선물 등을 가지고 학교를 방문하는데, 이것을 격려를 위한 말과 행동이라고 부릅니다. 이런 방식으로 학교 스태프를 격려하고 지원하는 것은 **기도하는 엄마들**의 선택적 사역입니다. 기억하십시오. 우리는 선물이나 성경 말씀이나 크리스천 슬로건 등을 담은 메시지를 보냄으로써 전도를 해서는 안 됩니다. "말과 행동"이 경제적으로나 시간 헌신에 있어서 그룹에 결코 부담이 되어서는 안 되며, 그것은 교장 선생님의 사전 허락을 요합니다.

인도자가 **기도하는 엄마들**을 교장 선생님에게 소개하기 전에 그룹이 잘 세워지는 것이 중요합니다. 개인적인 방문을 추천합니다. 여기에 몇 가지 제안을 합니다:

- 교장 선생님의 지도력과 지고 있는 막중한 책임을 알고 인정해 드리십시오.
- 오늘날 어린 학생들이 받는 압력들에 대한 염려를 나누십시오.
- 교장 선생님에게 여러분이 **기도하는 엄마들**이라는 그룹에 속하여 기도를 통하여 학교를 지원하기 위하여 모인다는 것을 알려드리십시오.
- 여러분의 엄마들 모임에서 연간 몇 차례 교직원들을 격려해 드리고 감사의 마음을 보여 드리기 위하여 간식을 제공하고 싶다는 뜻을 밝히십시오.

만일 교장 선생님이 여러분의 제안을 사절하면, 은혜롭게 감사하고, 여러분의 이름과 전화번호가 적혀 있는 메모나 명함을 드리면서, 스태프가 혹여 여러분의 격려가 필요하다면 연락을 달라고 말씀드리십시오(역자 주: 이 부분은 한국에서 실시하고자 할 때 한국적 상황을 충분히 고려할 필요가 있습니다.).

격려 샘플과 추가적인 아이디어가 "인도자 지침과 개인 Q.T.(한국 내 발간 미정)"안에 있습니다.

신앙 고백

1. 우리는 성경이 성령의 감동으로 된 것으로, 믿음과 행위의 전반에 유일한 무흠하며 권위있는 하나님의 말씀임을 믿는다.

   신명기 4:2
   내가 너희에게 명령하는 말을 너희는 가감하지 말고 내가 너희에게 내리는 너희 하나님 여호와의 명령을 지키라

   시편 19:7-9
   [7]여호와의 율법은 완전하여 영혼을 소성시키며 여호와의 증거는 확실하여 우둔한 자를 지혜롭게 하며 [8]여호와의 교훈은 정직하여 마음을 기쁘게 하고 여호와의 계명은 순결하여 눈을 밝게 하시도다 [9]여호와를 경외하는 도는 정결하여 영원까지 이르고 여호와의 법도 진실하여 다 의로우니

   잠언 30:5-6
   [5]하나님의 말씀은 다 순전하며 하나님은 그를 의지하는 자의 방패시니라 [6]너는 그의 말씀에 더하지 말라 그가 너를 책망하시겠고 너는 거짓말하는 자가 될까 두려우니라

   고린도전서 2:13
   우리가 이것을 말하거니와 사람의 지혜가 가르친 말로 아니하고 오직 성령께서 가르치신 것으로 하니 영적인 일은 영적인 것으로 분별하느니라

   갈라디아서 1:8-9
   [8]그러나 우리나 혹은 하늘로부터 온 천사라도 우리가 너희에게 전한 복음 외에 다른 복음을 전하면 저주를 받을지어다 [9]우리가 전에 말하였거니와 내가 지금 다시 말하노니 만일 누구든지 너희가 받은 것 외에 다른 복음을 전하면 저주를 받을지어다

   디모데후서 3:15-17
   [15]또 어려서부터 성경을 알았나니 성경은 능히 너로 하여금 그리스도 예수 안에 있는 믿음으로 말미암아 구원에 이르는 지혜가 있게 하느니라 [16]모든 성경은 하나님의 감동으로 된 것으로 교훈과 책망과 바르게 함과 의로 교육하기에

유익하니 [17]이는 하나님의 사람으로 온전하게 하며 모든 선한 일을 행할 능력을 갖추게 하려 함이라

베드로후서 1:20-21
[20]먼저 알 것은 성경의 모든 예언은 사사로이 풀 것이 아니니 [21]예언은 언제든지 사람의 뜻으로 낸 것이 아니요 오직 성령의 감동하심을 받은 사람들이 하나님께 받아 말한 것임이라

요한계시록 22:18-19
[18]내가 이 두루마리의 예언의 말씀을 듣는 모든 사람에게 증언하노니 만일 누구든지 이것들 외에 더하면 하나님이 이 두루마리에 기록된 재앙들을 그에게 더하실 것이요 [19]만일 누구든지 이 두루마리의 예언의 말씀에서 제하여 버리면 하나님이 이 두루마리에 기록된 생명나무와 및 거룩한 성에 참여함을 제하여 버리시리라

2. 우리는 하나님이 영원히 삼위일체로 존재하시는 유일하신 하나님이심을 믿는다: 아버지, 아들, 성령

창세기 1:1-3
[1]태초에 하나님이 천지를 창조하시니라 [2]땅이 혼돈하고 공허하며 흑암이 깊음 위에 있고 하나님의 영은 수면 위에 운행하시니라 [3]하나님이 이르시되 빛이 있으라 하시니 빛이 있었고

이사야 44:6-8
[6]이스라엘의 왕인 여호와, 이스라엘의 구원자인 만군의 여호와가 이같이 말하노라 나는 처음이요 나는 마지막이라 나 외에 다른 신이 없느니라 [7]내가 영원한 백성을 세운 이후로 나처럼 외치며 알리며 나에게 설명할 자가 누구냐 있거든 될 일과 장차 올 일을 그들에게 알릴지어다 [8]너희는 두려워하지 말며 겁내지 말라 내가 예로부터 너희에게 듣게 하지 아니하였느냐 알리지 아니하였느냐 너희는 나의 증인이라 나 외에 신이 있겠느냐 과연 반석은 없나니 다른 신이 있음을 내가 알지 못하노라

마태복음 28:19-20
[19]그러므로 너희는 가서 모든 민족을 제자로 삼아 아버지와 아들과 성령의 이름으로 세례를 베풀고 [20]내가 너희에게 분부한 모든 것을 가르쳐 지키게 하라 볼지어다 내가 세상 끝날까지 너희와 항상 함께 있으리라 하시니라

마가복음 12:29
예수께서 대답하시되 첫째는 이것이니 이스라엘아 들으라 주 곧 우리 하나님은 유일한 주시라

요한복음 1:1-4
[1]태초에 말씀이 계시니라 이 말씀이 하나님과 함께 계셨으니 이 말씀은 곧 하나님이시니라 [2]그가 태초에 하나님과 함께 계셨고 [3]만물이 그로 말미암아 지은 바 되었으니 지은 것이 하나도 그가 없이는 된 것이 없느니라 [4]그 안에 생명이 있었으니 이 생명은 사람들의 빛이라

사도행전 5:3-4
[3]베드로가 이르되 아나니아야 어찌하여 사탄이 네 마음에 가득하여 네가 성령을 속이고 땅 값 얼마를 감추었느냐 [4]땅이 그대로 있을 때에는 네 땅이 아니며 판 후에도 네 마음대로 할 수가 없더냐 어찌하여 이 일을 네 마음에 두었느냐 사람에게 거짓말한 것이 아니요 하나님께로다

고린도후서 13:13
주 예수 그리스도의 은혜와 하나님의 사랑과 성령의 교통하심이 너희 무리와 함께 있을지어다

3. 우리는 무한하시며 인격적인 영이신 성부 하나님을 믿으며, 그분이 거룩함과 지혜와 능력과 사랑에 있어서 완전하심을 믿는다. 우리는 하나님께서 각 개인의 일에 자비롭게 관여하시며 우리의 기도를 들으시고 응답하심을 믿으며, 예수 그리스도를 통하여 자기에게 나아오는 모든 사람을 죄와 죽음에서 구원해 주심을 믿는다.

창세기 21:33
아브라함은 브엘세바에 에셀 나무를 심고 거기서 영원하신 여호와의 이름을

불렀으며

출애굽기 33:14
여호와께서 이르시되 내가 친히 가리라 내가 너를 쉬게 하리라

사무엘하 24:14
다윗이 갓에게 이르되 내가 고통 중에 있도다 청하건대 여호와께서는 긍휼이 크시니 우리가 여호와의 손에 빠지고 내가 사람의 손에 빠지지 아니하기를 원하노라 하는지라

이사야 40:28
너는 알지 못하였느냐 듣지 못하였느냐 영원하신 하나님 여호와, 땅 끝까지 창조하신 이는 피곤하지 않으시며 곤비하지 않으시며 명철이 한이 없으시며

예레미야 31:3
옛적에 여호와께서 나에게 나타나사 내가 영원한 사랑으로 너를 사랑하기에 인자함으로 너를 이끌었다 하였노라

예레미야 32:17
슬프도소이다 주 여호와여 주께서 큰 능력과 펴신 팔로 천지를 지으셨사오니 주에게는 할 수 없는 일이 없으시니이다

요한복음 4:24
하나님은 영이시니 예배하는 자가 영과 진리로 예배할지니라

로마서 5:8
우리가 아직 죄인 되었을 때에 그리스도께서 우리를 위하여 죽으심으로 하나님께서 우리에 대한 자기의 사랑을 확증하셨느니라

로마서 11:33-34
[33]깊도다 하나님의 지혜와 지식의 풍성함이여, 그의 판단은 헤아리지 못할 것이며 그의 길은 찾지 못할 것이로다 [34]누가 주의 마음을 알았느냐 누가 그의 모사가 되었느냐

에베소서 1:19-20
[19]그의 힘의 위력으로 역사하심을 따라 믿는 우리에게 베푸신 능력의 지극히

크심이 어떠한 것을 너희로 알게 하시기를 구하노라 ²⁰그의 능력이 그리스도 안에서 역사하사 죽은 자들 가운데서 다시 살리시고 하늘에서 자기의 오른편에 앉히사

요한일서 5:14-15
¹⁴그를 향하여 우리가 가진 바 담대함이 이것이니 그의 뜻대로 무엇을 구하면 들으심이라 ¹⁵우리가 무엇이든지 구하는 바를 들으시는 줄을 안즉 우리가 그에게 구한 그것을 얻은 줄을 또한 아느니라

요한계시록 4:8
네 생물은 각각 여섯 날개를 가졌고 그 안과 주위에는 눈들이 가득하더라 그들이 밤낮 쉬지 않고 이르기를 거룩하다 거룩하다 거룩하다 주 하나님 곧 전능하신 이여 전에도 계셨고 이제도 계시고 장차 오실 이시라 하고

4. **우리는 성자 하나님이신 예수 그리스도께서 구세주, 하나님의 독생자이심과, 그의 신성, 동정녀 탄생, 그의 무죄한 삶, 그의 표적들, 그의 흘린 피로 대속하신 속죄의 죽음을 믿으며, 몸으로 부활하심과 아버지 오른편으로 승천하심, 자기 백성을 위하여 계속 중보하심, 그리고 능력과 영광 가운데 몸소 재림하실 것을 믿는다.**

마태복음 24:30
그 때에 인자의 징조가 하늘에서 보이겠고 그 때에 땅의 모든 족속들이 통곡하며 그들이 인자가 구름을 타고 능력과 큰 영광으로 오는 것을 보리라

마가복음 8:38
누구든지 이 음란하고 죄 많은 세대에서 나와 내 말을 부끄러워하면 인자도 아버지의 영광으로 거룩한 천사들과 함께 올 때에 그 사람을 부끄러워하리라

누가복음 1:34-35
³⁴마리아가 천사에게 말하되 나는 남자를 알지 못하니 어찌 이 일이 있으리이까 ³⁵천사가 대답하여 이르되 성령이 네게 임하시고 지극히 높으신 이의 능력이 너를 덮으시리니 이러므로 나실 바 거룩한 이는 하나님의 아들이라 일컬어지리라

누가복음 24:27
이에 모세와 모든 선지자의 글로 시작하여 모든 성경에 쓴 바 자기에 관한 것을 자세히 설명하시니라

요한복음 1:1-2
[1]태초에 말씀이 계시니라 이 말씀이 하나님과 함께 계셨으니 이 말씀은 곧 하나님이시니라 [2]그가 태초에 하나님과 함께 계셨고

요한복음 1:14
말씀이 육신이 되어 우리 가운데 거하시매 우리가 그의 영광을 보니 아버지의 독생자의 영광이요 은혜와 진리가 충만하더라

요한복음 1:18
본래 하나님을 본 사람이 없으되 아버지 품 속에 있는 독생하신 하나님이 나타내셨느니라

요한복음 3:16
하나님이 세상을 이처럼 사랑하사 독생자를 주셨으니 이는 그를 믿는 자마다 멸망하지 않고 영생을 얻게 하려 하심이라

로마서 3:23-26
[23]모든 사람이 죄를 범하였으매 하나님의 영광에 이르지 못하더니 [24]그리스도 예수 안에 있는 속량으로 말미암아 하나님의 은혜로 값 없이 의롭다 하심을 얻은 자 되었느니라 [25]이 예수를 하나님이 그의 피로써 믿음으로 말미암는 화목제물로 세우셨으니 이는 하나님께서 길이 참으시는 중에 전에 지은 죄를 간과하심으로 자기의 의로우심을 나타내려 하심이니 [26]곧 이 때에 자기의 의로우심을 나타내사 자기도 의로우시며 또한 예수 믿는 자를 의롭다 하려 하심이라

로마서 8:34
누가 정죄하리요 죽으실 뿐 아니라 다시 살아나신 이는 그리스도 예수시니 그는 하나님 우편에 계신 자요 우리를 위하여 간구하시는 자시니라

고린도전서 15:3-4
[3]내가 받은 것을 먼저 너희에게 전하였노니 이는 성경대로 그리스도께서 우리

죄를 위하여 죽으시고 ⁴장사 지낸 바 되셨다가 성경대로 사흘 만에 다시 살아나사

히브리서 4:15
우리에게 있는 대제사장은 우리의 연약함을 동정하지 못하실 이가 아니요 모든 일에 우리와 똑같이 시험을 받으신 이로되 죄는 없으시니라

5. **우리는 성령 하나님이 보혜사이시며 위로자이심과, 매일 우리를 인도하시고 진리를 나타내심을 믿으며, 죄와 의와 심판에 대하여 깨닫게 해 주심을 믿으며, 구원의 순간에 내주하셔서 성도들이 경건한 삶을 살 수 있게 하시는 분임을 믿는다.**

요한복음 3:5-8
⁵예수께서 대답하시되 진실로 진실로 네게 이르노니 사람이 물과 성령으로 나지 아니하면 하나님의 나라에 들어갈 수 없느니라 ⁶육으로 난 것은 육이요 영으로 난 것은 영이니 ⁷내가 네게 거듭나야 하겠다 하는 말을 놀랍게 여기지 말라 ⁸바람이 임의로 불매 네가 그 소리는 들어도 어디서 와서 어디로 가는지 알지 못하나니 성령으로 난 사람도 다 그러하니라

요한복음 14:16-17
¹⁶내가 아버지께 구하겠으니 그가 또 다른 보혜사를 너희에게 주사 영원토록 너희와 함께 있게 하리니 ¹⁷그는 진리의 영이라 세상은 능히 그를 받지 못하나니 이는 그를 보지도 못하고 알지도 못함이라 그러나 너희는 그를 아나니 그는 너희와 함께 거하심이요 또 너희 속에 계시겠음이라

요한복음 16:13-14
¹³그러나 진리의 성령이 오시면 그가 너희를 모든 진리 가운데로 인도하시리니 그가 스스로 말하지 않고 오직 들은 것을 말하며 장래 일을 너희에게 알리시리라 ¹⁴그가 내 영광을 나타내리니 내 것을 가지고 너희에게 알리시겠음이라

사도행전 1:8
오직 성령이 너희에게 임하시면 너희가 권능을 받고 예루살렘과 온 유대와 사

마리아와 땅 끝까지 이르러 내 증인이 되리라 하시니라

고린도전서 12:13
우리가 유대인이나 헬라인이나 종이나 자유인이나 다 한 성령으로 세례를 받아 한 몸이 되었고 또 다 한 성령을 마시게 하셨느니라

에베소서 4:30-32
³⁰하나님의 성령을 근심하게 하지 말라 그 안에서 너희가 구원의 날까지 인치심을 받았느니라 ³¹너희는 모든 악독과 노함과 분냄과 떠드는 것과 비방하는 것을 모든 악의와 함께 버리고 ³²서로 친절하게 하며 불쌍히 여기며 서로 용서하기를 하나님이 그리스도 안에서 너희를 용서하심과 같이 하라

에베소서 5:18
술 취하지 말라 이는 방탕한 것이니 오직 성령으로 충만함을 받으라

6. **우리는 모든 사람이 죄의 본성을 가지고 태어나, 하나님과 분리되어 있어 구원받을 필요가 있다고 믿는다. 죄를 회개하고 예수 그리스도를 주와 구세주로 영접하여 구원받기 위해서는 성령으로 중생함이 절대적으로 필요하다고 믿는다.**

요한복음 3:5-8
⁵예수께서 대답하시되 진실로 진실로 네게 이르노니 사람이 물과 성령으로 나지 아니하면 하나님의 나라에 들어갈 수 없느니라 ⁶육으로 난 것은 육이요 영으로 난 것은 영이니 ⁷내가 네게 거듭나야 하겠다 하는 말을 놀랍게 여기지 말라 ⁸바람이 임의로 불매 네가 그 소리는 들어도 어디서 와서 어디로 가는지 알지 못하나니 성령으로 난 사람도 다 그러하니라

요한복음 5:24
내가 진실로 진실로 너희에게 이르노니 내 말을 듣고 또 나 보내신 이를 믿는 자는 영생을 얻었고 심판에 이르지 아니하나니 사망에서 생명으로 옮겼느니라

사도행전 2:21
누구든지 주의 이름을 부르는 자는 구원을 받으리라 하였느니라

에베소서 1:6-7
⁶이는 그가 사랑하시는 자 안에서 우리에게 거저 주시는 바 그의 은혜의 영광을 찬송하게 하려는 것이라 ⁷우리는 그리스도 안에서 그의 은혜의 풍성함을 따라 그의 피로 말미암아 속량 곧 죄 사함을 받았느니라

에베소서 2:8-9
⁸너희는 그 은혜에 의하여 믿음으로 말미암아 구원을 받았으니 이것은 너희에게서 난 것이 아니요 하나님의 선물이라 ⁹행위에서 난 것이 아니니 이는 누구든지 자랑하지 못하게 함이라

디도서 3:5
우리를 구원하시되 우리가 행한 바 의로운 행위로 말미암지 아니하고 오직 그의 긍휼하심을 따라 중생의 씻음과 성령의 새롭게 하심으로 하셨나니

베드로전서 1:23
너희가 거듭난 것은 썩어질 씨로 된 것이 아니요 썩지 아니할 씨로 된 것이니 살아 있고 항상 있는 하나님의 말씀으로 되었느니라

7. 우리는 구원받은 자와 구원받지 못한 자 모두 부활함을 믿는다; 구원받은 자는 영원한 생명의 부활로, 구원받지 못한 자는 영원한 멸망의 부활로.

누가복음 16:19-26
¹⁹한 부자가 있어 자색 옷과 고운 베옷을 입고 날마다 호화롭게 즐기더라 ²⁰그런데 나사로라 이름하는 한 거지가 헌데 투성이로 그의 대문 앞에 버려진 채 ²¹그 부자의 상에서 떨어지는 것으로 배불리려 하매 심지어 개들이 와서 그 헌데를 핥더라 ²²이에 그 거지가 죽어 천사들에게 받들려 아브라함의 품에 들어가고 부자도 죽어 장사되매 ²³그가 음부에서 고통중에 눈을 들어 멀리 아브라함과 그의 품에 있는 나사로를 보고 ²⁴불러 이르되 아버지 아브라함이여 나를 긍휼히 여기사 나사로를 보내어 그 손가락 끝에 물을 찍어 내 혀를 서늘하게 하소서 내가 이 불꽃 가운데서 괴로워하나이다 ²⁵아브라함이 이르되 얘 너는 살았을 때에 좋은 것을 받았고 나사로는 고난을 받았으니 이것을 기억하라 이제 그는 여기서 위로를 받고 너는 괴로움을 받느니라 ²⁶그뿐 아니라 너희와 우

리 사이에 큰 구렁텅이가 놓여 있어 여기서 너희에게 건너가고자 하되 갈 수 없고 거기서 우리에게 건너올 수도 없게 하였느니라

고린도후서 5:8
우리가 담대하여 원하는 바는 차라리 몸을 떠나 주와 함께 있는 그것이라

빌립보서 1:23
내가 그 둘 사이에 끼었으니 차라리 세상을 떠나서 그리스도와 함께 있는 것이 훨씬 더 좋은 일이라 그렇게 하고 싶으나

데살로니가후서 1:7-9
[7]환난을 받는 너희에게는 우리와 함께 안식으로 갚으시는 것이 하나님의 공의시니 주 예수께서 자기의 능력의 천사들과 함께 하늘로부터 불꽃 가운데에 나타나실 때에 [8]하나님을 모르는 자들과 우리 주 예수의 복음에 복종하지 않는 자들에게 형벌을 내리시리니 [9]이런 자들은 주의 얼굴과 그의 힘의 영광을 떠나 영원한 멸망의 형벌을 받으리로다

요한계시록 20:11-15
[11]또 내가 크고 흰 보좌와 그 위에 앉으신 이를 보니 땅과 하늘이 그 앞에서 피하여 간 데 없더라 [12]또 내가 보니 죽은 자들이 큰 자나 작은 자나 그 보좌 앞에 서 있는데 책들이 펴 있고 또 다른 책이 펴졌으니 곧 생명책이라 죽은 자들이 자기 행위를 따라 책들에 기록된 대로 심판을 받으니 [13]바다가 그 가운데에서 죽은 자들을 내주고 또 사망과 음부도 그 가운데에서 죽은 자들을 내주매 각 사람이 자기의 행위대로 심판을 받고 [14]사망과 음부도 불못에 던져지니 이것은 둘째 사망 곧 불못이라 [15]누구든지 생명책에 기록되지 못한 자는 불못에 던져지더라

8. 우리는 우리 주 예수 그리스도 안에서 성도들의 영적 연합을 믿는다.

사도행전 2:42-47
[42]그들이 사도의 가르침을 받아 서로 교제하고 떡을 떼며 오로지 기도하기를 힘쓰니라 [43]사람마다 두려워하는데 사도들로 말미암아 기사와 표적이 많이 나타나니 [44]믿는 사람이 다 함께 있어 모든 물건을 서로 통용하고 [45]또 재산과 소

유를 팔아 각 사람의 필요를 따라 나눠 주며 ⁴⁶날마다 마음을 같이하여 성전에 모이기를 힘쓰고 집에서 떡을 떼며 기쁨과 순전한 마음으로 음식을 먹고 ⁴⁷하나님을 찬미하며 또 온 백성에게 칭송을 받으니 주께서 구원 받는 사람을 날마다 더하게 하시니라

로마서 15:5-6
⁵이제 인내와 위로의 하나님이 너희로 그리스도 예수를 본받아 서로 뜻이 같게 하여 주사 ⁶한마음과 한 입으로 하나님 곧 우리 주 예수 그리스도의 아버지께 영광을 돌리게 하려 하노라

고린도전서 12:12-13
¹²몸은 하나인데 많은 지체가 있고 몸의 지체가 많으나 한 몸임과 같이 그리스도도 그러하니라 ¹³우리가 유대인이나 헬라인이나 종이나 자유인이나 다 한 성령으로 세례를 받아 한 몸이 되었고 또 다 한 성령을 마시게 하셨느니라

에베소서 4:3-6
³평안의 매는 줄로 성령이 하나 되게 하신 것을 힘써 지키라 ⁴몸이 하나요 성령도 한 분이시니 이와 같이 너희가 부르심의 한 소망 안에서 부르심을 받았느니라 ⁵주도 한 분이시요 믿음도 하나요 세례도 하나요 ⁶하나님도 한 분이시니 곧 만유의 아버지시라 만유 위에 계시고 만유를 통일하시고 만유 가운데 계시도다

> 진실로 다시 너희에게 이르노니
> 너희 중의 두 사람이 땅에서 합심하여
> 무엇이든지 구하면 하늘에 계신 내 아버지께서
> 그들을 위하여 이루게 하시리라
> 두세 사람이 내 이름으로 모인 곳에는
> 나도 그들 중에 있느니라
>
> 마태복음 18:19-20

정책

각 그룹은 **기도하는 엄마들**의 정책을 고수할 책임이 있습니다. 이것은 선택이 아닙니다.

1. **기도하는 엄마들**의 신앙 고백이나 정책을 고수하지 않는 어떤 개인이나 그룹도 **기도하는 엄마들**의 이름이나 로고를 사용할 권리가 없으며, 어떤 형태로든지 **기도하는 엄마들** 사역을 할 수 없습니다.

2. **기도하는 엄마들**은 아무리 명분이 타당하다 할지라도 로비 그룹이 아닙니다. 외부의 정치적 사회적 문제들에 참여하는 것은 오직 개인적인 차원에서 이루어져야 합니다. 어떠한 경우에도 **기도하는 엄마들** 이름이 외부의 문제와 결부되어 사용되는 것을 금합니다.

3. 비밀보장은 사역에 온전함을 가져다줍니다; 그러므로, 모든 기도제목들은 엄격하게 비밀이 보장되어야 합니다.

4. **기도하는 엄마들** 그룹은 공립학교 캠퍼스 안에서 기도 모임을 가져서는 안 됩니다. 우리는 학교를 위해서 기도하지, 학교 안에서 기도하는 것이 아닙니다.

5. **기도하는 엄마들** 공립학교에 기도 제목을 청하거나 공립학교 시설에 기도 제목함을 설치해서는 안 됩니다.

6. **기도하는 엄마들**은 공립학교를 이용하여 회원을 모집하면 안 됩니다.

7. 승인받지 않고 **기도하는 엄마들** 이름이나 로고 사용하는 것을 금합니다. 이것은 **기도하는 엄마들** 사역의 등록상표입니다. 그것을 사용하려면 **기도하는 엄마들**의 분명한 서면 허가를 받아야 합니다.

8. 출석부는 **기도하는 엄마들**의 사역만을 위한 것입니다. 어떠한 경우에라도 그것을 다른 개인이나 단체, 사업체, 혹은 외부 그룹에 빌려 주거나 주면 안 됩니다.

9. **기도하는 엄마들** 자료에는 어떠한 광고도 들어갈 수 없습니다.

10. **기도하는 엄마들** 모임 시간에 4단계를 따라 대화식으로 합심하여 기도하기 위해서는, 큰 소리로 방언을 하는 것과, 묵주 기도 혹은 마음을 비워 내라고 하는 명상을 포함하는 명상 기도 관례, 미로 기도 래비린드(labyrinths), 반복 기도(한 마디 말을 반복해서 하는 것)와 주문 기도(만트라 사용) 등을 금합니다.

11. **기도하는 엄마들** 모임은 험담이나 비판적인 성격의 대화에 가담해서는 안 됩니다.

12. **기도하는 엄마들**은 한 남자가 한 여성과 언약의 관계를 맺고 결혼함이 성경적임을 믿습니다.

13. **기도하는 엄마들** 모임은 특별히 여성들을 위한 것입니다.

아무 것도 염려하지 말고

다만 모든 일에 기도와 간구로,

너희 구할 것을 감사함으로 하나님께 아뢰라

그리하면

모든 지각에 뛰어난 하나님의 평강이

그리스도 예수 안에서

너희 마음과 생각을 지키시리라

빌립보서 4:6-7

핵심가치와 지도원리

핵심가치

우리 모두는 기도하는 엄마들의 신앙고백에 동의하며, 예수님을 개인의 구세주요 주님으로 영접하고, 예수님이 하나님이심을 고백한다.
우리가 기도할 때 하나님께서는 어린이들과 학교를 향하여 그의 능력을 나타내신다고 믿는다. 우리는 하나님께서 우리의 기도를 들으시고 응답하신다고 믿는다.

주요목표

- **사명 진술서:** 기도하는 엄마들은 엄마들이 모여서 기도함으로, 그리스도를 위하여 어린이들과 학교에 전 세계적으로 영향력을 발휘한다.
- **비전 진술서:** 우리의 비전은 전 세계의 모든 학교를 위해서 기도하는 것이다.

주요 우선순위

- 첫째로 하나님 우선
- 둘째로 가족 우선
- 셋째로 사역 우선

핵심적인 기도형태와 방법

- 한 가지 형태의 기도
- 기도4단계
- 성경적 기도
- 구체적 기도
- 복음적 기도

지도원리

- 우리는 예수님의 매인 종이며 예수님의 지도와 도움에 전적으로 의존한다.
  *어떤 사람은 병거, 어떤 사람은 말을 의지하나 우리는 **여호와** 우리 하나님의 이름을 자랑하리로다.(시 20:7)*

- 우리는 예수님의 제자이며 사역의 재생산을 추구한다.

  제자도: 우리는 여성들에게 어떻게 기도하며 어떻게 하나님을 신뢰할지를 가르친다.

  재생산: 우리는 모든 학교를 위해 기도그룹을 형성한다.

- 우리는 기도하는 엄마들을 섬기라고 부름을 받았다.

- 우리는 사랑과 인격으로 기도하는 엄마들의 사역과 비전을 대변할 책임이 있다. 우리는 경건하고 은혜스럽고 자애로운 정신으로 성경적 여성상과 성적 순결의 예증을 보여 줄 수 있도록 뒷받침하며 격려하고 돕는다.

- 우리는 한 여성과 한 남성이 언약의 관계에서 결혼함이 하나님의 의도이며 성경적 결혼임을 전적으로 믿고 지원한다.

- 우리는 어머니가 되도록 격려하고 소망하며 이를 선포한다.

- 우리는 소그룹에서 기도로 나눈 내용에 대해 철저히 비밀을 유지한다.

- 우리는 어린이와 학교를 위해 기도한다.

- 우리는 로비하는 그룹이 아니다. 기도하는 엄마들은 어떤 대의명분과 가치가 있다 하더라도 로비하지 아니한다. 대외적으로 정책적·사회적 이슈에 참여할 때는 개인적인 차원에서 혼자 참여해야 한다.

- 기도하는 엄마들의 이름은 어떤 상황에서도 대외적 이슈에 연관되어 사용되어서는 안된다.

- 우리는 하나님 앞에서 고도의 전문적인 기준에 의거, 진실하고 정확하게 우선권을 두고 재정 후원자들과 의사소통을 할 것이다.

네 마음의 소원대로 허락하시고

네 모든 계획을 이루어 주시기를 원하노라

우리가 너의 승리로 말미암아 개가를 부르며

우리 하나님의 이름으로 우리의 깃발을 세우리니

여호와께서 네 모든 기도를 이루어 주시기를 원하노라

시편 20:4-5

자주 하는 질문들

1. **함께 기도할 다른 엄마를 어떻게 찾나요?**

   대부분의 엄마들은 친구에게 초대받았기 때문에 그룹에 동참합니다. 이런 이유 때문에 팜플렛을 사용합니다.

2. **내가 떠난 후에도 내 그룹이 계속될 것을 어떻게 보장합니까?**

   우리는 예수님께서 다시 오실 때까지 모든 그룹이 계속 되기를 기도합니다. 여러분이나 여러분의 자녀가 아플 때 혹은 출타했을 때 여러분 대신 인도해 줄 동역 리더 훈련을 의도적으로 하십시오. 또한 하나님께서 여러분을 다른 학교/그룹으로 이끄시면 여러분에게서 리더십 바통을 기꺼이 이어받을 사람을 훈련하십시오. 여러분이 한 학교를 위하여 기도하는 전통적인 그룹을 인도하고 있다면, 여러분 그룹의 차기 리더를 위하여 기도하십시오. 그리고 더 어린 자녀들이 있는 엄마들에게 인도할 기회를 가끔 주십시오. 그러면 여러분의 자녀가 전학할 때나 상급 학교로 진학할 때 그들이 편하게 인도하게 될 것입니다.

3. **어떻게 가장 효과적인 기도 시간을 가질 수 있나요?**

   여러분의 그룹을 위하여 한 주 내내 기도하십시오. **기도하는 엄마들** 시간에는 4단계를 사용하여 합심하여 동의 기도를 하십시오.

   기도하는 엄마들 그룹은 자녀들과 그들의 학교에 관련된 사안을 위하여 기도합니다. 이러한 것 이외의 다른 주제들은 기도 시간 전이나 후에 기도해야만 합니다.

   한 학교에 다니는 자녀가 둘 이상인 엄마는 매주 한 자녀에게 초점을 맞추기 바랍니다.

   이렇게 하면 중보를 위하여 주어진 시간 동안 그 아이를 위하여 더 집중해서 구체적으로 기도할 수 있게 됩니다. 엄마들은 자녀들을 번갈아 가며 기도해줄 수도 있고 한 자녀를 위하여 수 주 또는 수 개월 동안 기도할 수 있습니다.

학교를 위하여 구체적인 기도 제목이 있는 엄마는, 모임이 시작되기 전에 그것을 리더에게 줘야 합니다. 이렇게 하면 리더가 그것을 위해 기도하기 위하여 그룹에게 얘기하는 것이 적절한지 고려해 볼 기회를 줄 뿐만 아니라 기도 시간 동안 불필요한 이야기를 피하게 됩니다.

교사를 개인적으로 아는 한 엄마가 그 교사가 크리스천인 것을 확신한다면 사적으로 기도 제목을 요청할 수 있을 것입니다. 학생의 사생활을 보호하기 위하여, 그 교사는 그 학생의 이름을 개인적인 기도 제목을 낼 때 절대로 줘서는 안 됩니다.

4. **기도하는 엄마들** 엄마인데, 개인적으로 학교와 관련된 문제를 어떻게 다루나요?

   기도하는 엄마들 사역은 학교를 상대할 때 어떤 개인적인 문제에서도 사용되어서는 안 됩니다. **기도하는 엄마들** 엄마가 자녀나 학교와 관련된 문제로 교사나 교장 선생님을 만나는 것이 필요한 경우에는 자기가 **기도하는 엄마들**에 속해 있다는 것을 밝히지 말고 걱정하는 부모의 한 사람으로서 은혜로운 정신으로 찾아가야 합니다.

5. 기도하는 엄마들에게 속한다는 것은 무엇을 의미합니까?

   기도하는 엄마들은 전 세계적인 기도 운동입니다. 하나님께서는 노르웨이에서 뉴질랜드, 엘살바도르에서 에디오피아에 이르기까지 엄마들을 부르셔서 자녀와 학교를 위하여 연합하여 기도하라고 모으십니다. 엄마들의 심장은 온 세계에서 똑같이 뜁니다.

   이 국제 사역에 있어서 하나님께서 하시는 일에 대하여 더 정보를 원하시면, www.MomsInPrayer.org/International을 방문하십시오.

6. 세계적인 사역인 기도하는 엄마들을 우리 그룹이 어떻게 후원할 수 있나요?

   여러분은 **기도하는 엄마들** 사역을 기도로 후원할 수 있습니다. 기도 제목은 www.MomsInPrayer.org/MinistryRequestsand/International에 있습니다.

여러분은 또한 재정적인 선물로 **기도하는 엄마들**을 후원할 수 있습니다. 많은 그룹들이 온 세상의 여성들을 동원하여 그들이 함께 모여 기도함으로 그들도 연합하여 기도하는 데서 오는 평안과 소망을 경험할 수 있게 하기 위하여 이 사역에 기부를 합니다. 더 정보를 원하시면 www.MomsInPrayer.org/Donate를 참조하십시오(한국에서는 www.mip.or.kr을 참조하십시오.).

네 마음의 소원대로 허락하시고

네 모든 계획을 이루어 주시기를 원하노라

우리가 너의 승리로 말미암아 개가를 부르며

우리 하나님의 이름으로 우리의 깃발을 세우리니

여호와께서 네 모든 기도를 이루어 주시기를 원하노라

시편 20:4-5

등록신청서 Registration Form
(알아보게 또박 또박 써주세요 Please Print Legibly)

Name 이 름 _____

Address 주소 _____

City 도시 _____

State/Province/Zip 도/ 우편번호 _____

Country 나라 _____

E-mail 이메일 _____

Telephone 집 전화번호 _____

휴대 전화번호 _____

I am a 저는 ☐ Group leader 모임 인도자   ☐ Group member 모임 회원

☐ One mom praying alone 혼자 기도하는 엄마

☐ Other 기타 _____ 입니다.

여러분이 그룹 리더이거나 잠재적 리더라면 다음 정보를 기록해 주십시오:

School(s) being prayed for 기도해 주는 학교들 _____

School District(s) 지역 _____

Type of group 그룹 유형 _____

국내

한국에서는 **기도하는 엄마들**

www.mip.or.kr에서 직접 등록하실 수 있습니다.

국외

Mail completed Registration Form to the following address.
Moms In Prayer International
P.O. Box 1120 Poway, CA 92074-1120
You may also register at www.MomsInPrayer.org

편역자

최복순
boksoonc@gmail.com/ 010-8406-0675
기도하는 엄마들(Moms In Prayer International) 한국 초대 대표/mip.or.kr
Precept Ministries International 객원 연구원/precept.org
Temple 신학교 기독교교육학 이수
한국 프리셉트성경연구원 국제 총무/precept.or.kr
전 Joy Mission 대학부 간사
죽전 · 광교안디옥교회 담임 사모/a91.kr

기도하는 엄마들
Praying for Children & Schools
Booklet®

| 저자 | | 펀 니콜스 |
| 편역자 | | 최복순 |

초판 1쇄		1998년 5월 5일
개정 1판 1쇄		2010년 3월 1일
개정 2판 1쇄		2016년 3월 15일
개정 2판 9쇄		2023년 8월 30일

발행인		김경섭
국제총무		최복순
총무.		김현욱
협동총무		김상현
편집부		고유영(편집실장), 김성경, 박은실
인쇄		영진문원

발행처		프리셉트선교회
등록번호		108-82-61175
일부총판		생명의말씀사 Tel. (02) 3159-7979 Fax. 080-022-8585

주소		서울특별시 서초구 청룡마을길 8-1(신원동) (우) 06802
전화		(02) 588-2218 팩스	(02) 588-2268
홈페이지		www.precept.or.kr

국민은행 431401-04-058116(프리셉트선교회)
1998, 2010, 2016 ⓒ 프리셉트

값 5,000원
ISBN 978-89-8475-673-1 04230
    978-89-8475-655-7 04230(세트)

독자 여러분의 의견을 기다립니다.
독자 전화 (02) 588-2218 / pmbook77@naver.com